Blockchain-Technologien für den Mittelstand

PÖRTNER CONSULTING
driving your digital business

Andreas Pörtner MSc BBA

digital business guides

Ausgabe 1 / 2023

Inhaltsverzeichnis

Einführung in Blockchain-Technologien

- Definition und grundlegende Prinzipien von Blockchains
- Distributed Ledger Technology (DLT) und Konsensmechanismen
- Unterschiede zwischen zentralisierten und dezentralisierten Systemen

Historische Entwicklung und Ursprung von Blockchains

- Entstehung der Blockchain-Technologie mit Bitcoin als erstem Anwendungsfall
- Evolution und Weiterentwicklung der Technologie über die Jahre
- Etablierung von Kryptowährungen und Initial Coin Offerings (ICOs)

Potenzielle Vorteile von Blockchain-Technologien für den Mittelstand

- Verbesserte Sicherheit und Transparenz bei Transaktionen und Datenverwaltung
- Reduzierung von Intermediären und damit verbundenen Kosten
- Effizienzsteigerung in Geschäftsprozessen durch Automatisierung und Smart Contracts

Anwendungsbereiche von Blockchain-Technologien im Mittelstand

- Supply Chain Management und Rückverfolgbarkeit von Produkten
- Finanzwesen und Zahlungsabwicklung
- Vertragswesen und digitale Identitäten
- Internet of Things (IoT) und Machine-to-Machine (M2M) Kommunikation
- Energiewirtschaft und dezentrale Energieerzeugung

Herausforderungen und Risiken bei der Implementierung von Blockchains im Mittelstand

- Skalierbarkeit und Performance von Blockchain-Netzwerken
- Sicherheitsaspekte und Schutz vor Cyberangriffen
- Integration mit bestehenden IT-Systemen und Legacy-Infrastrukturen
- Regulatorische und rechtliche Rahmenbedingungen

Erfolgsbeispiele und Fallstudien von mittelständischen Unternehmen

- Praktische Anwendungen und Erfahrungen von Unternehmen bei der Blockchain-Integration
- Lernpunkte und Best Practices aus erfolgreichen Implementierungen
- Lessons Learned und Empfehlungen für den Mittelstand

1.1 Die grundlegende Funktionsweise von Blockchains

Eine Blockchain ist eine dezentrale, transparente und sichere Datenbank, die aus einer Kette von Datenblöcken besteht. Jeder Block enthält eine Sammlung von Transaktionen oder Informationen und ist kryptografisch mit dem vorherigen Block verbunden. Die grundlegende Funktionsweise einer Blockchain lässt sich wie folgt beschreiben:

Dezentralisierung:

Eine Blockchain ist ein verteiltes Netzwerk von Computern, die als Knoten fungieren. Jeder Knoten hat eine vollständige Kopie der Blockchain und arbeitet gemeinsam mit anderen Knoten, um Konsens über den Zustand der Blockchain zu erreichen. Es gibt keine zentrale Autorität oder Vermittler, die die Kontrolle über die Blockchain ausüben.

Transaktionen:

Transaktionen sind grundlegende Einheiten in einer Blockchain. Sie repräsentieren den Austausch von Werten oder Informationen zwischen Teilnehmern. Eine Transaktion enthält Absender, Empfänger, den Wert und andere relevante Daten. Sobald eine Transaktion erstellt wurde, wird sie zur Validierung und Aufnahme in einen Block weitergeleitet.

Blockbildung:

Transaktionen werden in Blöcken zusammengefasst. Ein Block enthält typischerweise mehrere Transaktionen sowie einen Hash-Wert des vorherigen Blocks. Der Hash-Wert dient dazu, die Integrität und Reihenfolge der Blöcke sicherzustellen. Um einen neuen Block zu erstellen, müssen die Teilnehmer eine mathematische Aufgabe lösen, die als Proof-of-Work bezeichnet wird. Dieser Prozess wird auch als Mining bezeichnet.

Konsensmechanismus:

Um sicherzustellen, dass alle Teilnehmer einer Blockchain die gleiche Version der Blockchain haben, wird ein Konsensmechanismus verwendet. Der Konsensmechanismus ermöglicht es den Teilnehmern, sich auf den aktuellen Zustand der Blockchain zu einigen und sicherzustellen, dass neue Blöcke ordnungsgemäß hinzugefügt werden. Bekannte Konsensmechanismen sind beispielsweise Proof-of-Work (PoW) und Proof-of-Stake (PoS).

Validierung und Bestätigung:

Sobald ein Block erstellt wurde, wird er im Netzwerk verbreitet und von den Knoten validiert. Die Knoten überprüfen die Gültigkeit der Transaktionen und die Einhaltung der vordefinierten Regeln und Konsensmechanismen. Wenn der Block validiert wurde, wird er in die Blockchain aufgenommen und kann nicht mehr geändert werden.

Sicherheit:

Blockchains nutzen kryptografische Verfahren, um die Sicherheit der Daten zu gewährleisten. Jeder Block enthält einen Hash-Wert, der eindeutig den Inhalt des Blocks repräsentiert. Wenn der Inhalt eines Blocks nachträglich geändert wird, ändert sich auch der Hash-Wert, was von den anderen Knoten erkannt wird. Dadurch wird die Manipulation von Daten in der Blockchain erschwert.

Die grundlegende Funktionsweise einer Blockchain ermöglicht es, Transaktionen sicher und vertrauenswürdig zu speichern und zu verwalten, ohne dass eine zentrale Instanz erforderlich ist. Dies hat verschiedene Anwendungen und Potenziale für den Mittelstand und andere Branchen eröffnet.

1.2 Potenzielle Vorteile von Blockchain-Technologien für den Mittelstand

Blockchain-Technologien bieten eine Vielzahl von potenziellen Vorteilen für Unternehmen im Mittelstand. Hier sind einige der Hauptvorteile:

Dezentralisierung und Vertrauenswürdigkeit:

Blockchains ermöglichen es Unternehmen, Transaktionen und Informationen direkt zwischen den beteiligten Parteien auszutauschen, ohne auf einen zentralen Vermittler angewiesen zu sein. Dies führt zu einer höheren Transparenz und Vertrauenswürdigkeit, da alle Teilnehmer Zugriff auf eine gemeinsame und unveränderliche Datenquelle haben.

Effizienzsteigerung und Kosteneinsparungen:

Durch den Einsatz von Blockchain-Technologien können Geschäftsprozesse automatisiert und effizienter gestaltet werden. Smart Contracts, die in der Blockchain ausgeführt werden, ermöglichen die automatische Überprüfung und Ausführung von Verträgen, was Zeit und Kosten spart. Die Entfernung von Intermediären und die direkte Peer-to-Peer-Interaktion können auch zu Kosteneinsparungen führen.

Transparenz und Rückverfolgbarkeit:

Blockchains ermöglichen eine transparente und nachvollziehbare Aufzeichnung von Transaktionen und Daten. Dies ist besonders relevant für Branchen wie die Lieferkette, in denen Unternehmen die Herkunft und den Verlauf von Produkten verfolgen müssen. Durch die Integration von Blockchains können Unternehmen eine lückenlose Rückverfolgbarkeit gewährleisten und das Vertrauen der Kunden stärken.

Datensicherheit und Integrität:

Die dezentrale Natur von Blockchains und ihre kryptografische Sicherheit bieten einen hohen Grad an Schutz vor Datenmanipulation und unbefugtem Zugriff. Da Daten in Blöcken gespeichert und mit vorherigen Blöcken verknüpft sind, wird die nachträgliche Änderung von Daten erschwert. Dies erhöht die Datensicherheit und Integrität, insbesondere in sensiblen Bereichen wie Finanztransaktionen oder persönlichen Identitätsdaten.

Erweiterte Geschäftsmöglichkeiten und neue Märkte:

Durch den Einsatz von Blockchain-Technologien können Unternehmen neue Geschäftsmodelle entwickeln und sich an aufkommende Trends anpassen. Sie können beispielsweise Tokenisierung nutzen, um Vermögenswerte zu digitalisieren und neue Investitionsmöglichkeiten zu schaffen. Die Interoperabilität von Blockchains eröffnet auch die Möglichkeit, in Zusammenarbeit mit anderen Unternehmen und Branchen neue Märkte zu erschließen.

Verbesserte Kooperation und Partnerschaften:

Blockchains ermöglichen eine sichere und effiziente Zusammenarbeit zwischen Unternehmen und Partnern. Durch die gemeinsame Nutzung einer gemeinsamen Datenquelle können Unternehmen leichter Informationen austauschen, Verträge verhandeln und gemeinsame Geschäftsprozesse optimieren. Dies fördert die Effektivität von Lieferketten und Partnerschaften im Mittelstand.

Es ist wichtig zu beachten, dass die konkreten Vorteile einer Blockchain-Implementierung von verschiedenen Faktoren abhängen, wie der spezifischen Anwendung, den beteiligten Parteien und den vorhandenen IT-Systemen. Eine sorgfältige Evaluierung und Planung ist erforderlich, um die potenziellen Vorteile optimal nutzen zu können.

1.3 Herausforderungen und Risiken bei der Implementierung von Blockchains

Die Implementierung von Blockchain-Technologien im Mittelstand kann mit verschiedenen Herausforderungen und Risiken verbunden sein. Es ist wichtig, sich dieser Faktoren bewusst zu sein, um eine erfolgreiche Integration zu gewährleisten. Hier sind einige der häufigsten Herausforderungen und Risiken:

Komplexität und technische Anforderungen:

Die Implementierung einer Blockchain erfordert technisches Fachwissen und eine sorgfältige Planung. Die Auswahl der richtigen Blockchain-Plattform, die Integration mit bestehenden IT-Systemen und die Entwicklung von Smart Contracts erfordern technische Ressourcen und Expertise.

Skalierbarkeit und Performance:

Blockchains stehen vor Herausforderungen in Bezug auf Skalierbarkeit und Performance. Wenn eine große Anzahl von Transaktionen gleichzeitig verarbeitet werden muss, kann dies zu Engpässen führen. Es ist wichtig, die Skalierbarkeit der gewählten Blockchain-Plattform zu berücksichtigen und mögliche Lösungen wie Sidechains oder Off-Chain-Lösungen zu evaluieren.

Sicherheit und Datenschutz:

Obwohl Blockchains als sicher gelten, sind sie nicht immun gegen Sicherheitsrisiken. Es besteht das Risiko von Cyberangriffen, Hacks oder Schwachstellen in der Implementierung. Unternehmen müssen angemessene Sicherheitsmaßnahmen ergreifen, um die Integrität und Vertraulichkeit ihrer Daten in der Blockchain zu gewährleisten.

Regulatorische und rechtliche Rahmenbedingungen:

Die rechtlichen Rahmenbedingungen für den Einsatz von Blockchain-Technologien können je nach Land und Branche variieren. Es ist wichtig, die rechtlichen Aspekte zu berücksichtigen und sicherzustellen, dass die Implementierung den geltenden Vorschriften und Datenschutzbestimmungen entspricht.

Interoperabilität und Standardisierung:

Blockchains können in verschiedenen Formen und Protokollen existieren, was die Interoperabilität zwischen verschiedenen Blockchains erschweren kann. Die Entwicklung von Standards und Schnittstellen für den Datenaustausch zwischen verschiedenen Blockchains ist eine Herausforderung, die angegangen werden muss, um die Integration und Kommunikation zu erleichtern.

Akzeptanz und Widerstand gegen Veränderungen:

Die Einführung von Blockchain-Technologien erfordert oft Veränderungen in den bestehenden Geschäftsprozessen und -strukturen. Es kann Widerstand gegen Veränderungen geben und es erfordert eine sorgfältige Kommunikation und Schulung, um die Akzeptanz bei den Mitarbeitern und Partnern zu fördern.

Es ist wichtig, diese Herausforderungen und Risiken sorgfältig zu analysieren und geeignete Maßnahmen zu ergreifen, um eine erfolgreiche Implementierung von Blockchain-Technologien im Mittelstand zu gewährleisten. Eine umfassende Planung, Zusammenarbeit mit Experten und kontinuierliche Evaluierung sind entscheidend, um die Vorteile von Blockchains zu nutzen und mögliche Risiken zu minimieren.

Identifikation der Geschäftsziele:

In dieser Phase werden die spezifischen Ziele und Anforderungen des Unternehmens im Zusammenhang mit der Blockchain-Implementierung ermittelt. Dies kann die Verbesserung der Effizienz, Kosteneinsparungen, die Steigerung der Transparenz oder die Stärkung der Wettbewerbsfähigkeit umfassen. Es ist wichtig, klare und messbare Ziele festzulegen, um den Erfolg der Implementierung zu bewerten.

Evaluierung der aktuellen Geschäftsprozesse:

Eine gründliche Analyse der bestehenden Geschäftsprozesse ist erforderlich, um festzustellen, welche Bereiche von der Blockchain-Technologie profitieren könnten. Dies beinhaltet die Identifizierung von Engpässen, ineffizienten Prozessen oder möglichen Risiken. Es ist wichtig, die genauen Anforderungen und Potenziale für Verbesserungen zu verstehen.

Anforderungsdefinition:

Basierend auf den Geschäftszielen und der Prozessanalyse werden die konkreten Anforderungen an die Blockchain-Implementierung definiert. Dies umfasst Aspekte wie die Art der Transaktionen, die gewünschte Skalierbarkeit, die Sicherheitsanforderungen, die Integration mit bestehenden Systemen und die notwendigen Funktionen und Merkmale der Blockchain-Lösung.

Bewertung der Blockchain-Architektur:

Es ist wichtig, die verschiedenen Blockchain-Architekturen zu bewerten und diejenige auszuwählen, die am besten zu den Geschäftsanforderungen passt. Dies kann eine öffentliche oder private Blockchain sein, je nach Datenschutz- und Vertraulichkeitsanforderungen. Es ist auch wichtig, den Konsensmechanismus und andere technische Aspekte zu berücksichtigen.

Risikoanalyse:

Eine eingehende Risikoanalyse sollte durchgeführt werden, um potenzielle Risiken und Herausforderungen im Zusammenhang mit der Blockchain-Implementierung zu identifizieren. Dies kann Sicherheitsrisiken, rechtliche Aspekte, technische Schwierigkeiten oder Widerstand gegen Veränderungen umfassen. Es ist wichtig, Risikominderungsstrategien zu entwickeln und entsprechende Maßnahmen zu ergreifen.

Kosten-Nutzen-Analyse:

Eine umfassende Kosten-Nutzen-Analyse sollte durchgeführt werden, um die Wirtschaftlichkeit der Blockchain-Implementierung zu bewerten. Dies beinhaltet die Evaluierung der Implementierungskosten, der Betriebskosten, der erwarteten Einsparungen und der geschätzten Vorteile für das Unternehmen. Dies hilft bei der Entscheidungsfindung und Priorisierung von Projekten.

Die Analyse der Geschäftsanforderungen legt den Grundstein für eine erfolgreiche Implementierung von Blockchain-Technologien im Mittelstand. Durch die genaue Identifikation von Zielen, Anforderungen und potenziellen Herausforderungen können Unternehmen fundierte Entscheidungen treffen und eine maßgeschneiderte Lösung entwickeln, die ihren spezifischen Bedürfnissen entspricht.

2.1 Identifizierung der passenden Einsatzbereiche für Blockchain-Technologien

Die Identifizierung der passenden Einsatzbereiche für Blockchain-Technologien im Mittelstand erfordert eine gründliche Analyse der Unternehmensprozesse und -anforderungen. Hier sind einige Bereiche, in denen Blockchain-Technologien besonders vorteilhaft sein können:

Lieferkettenmanagement:

Die Blockchain-Technologie kann dabei helfen, die Transparenz und Rückverfolgbarkeit in Lieferketten zu verbessern. Unternehmen können die Herkunft, Qualität und den Verlauf von Produkten verfolgen und so die Effizienz, Vertrauenswürdigkeit und Nachverfolgbarkeit in der Lieferkette erhöhen.

Finanztransaktionen:

Die Verwendung von Blockchain-Technologien im Finanzbereich kann die Effizienz von Transaktionen verbessern und die Abwicklung beschleunigen. Durch die Nutzung von Smart Contracts und digitalen Tokens können Zahlungen, Vermögenswerte und Wertpapiere effizienter und sicherer verwaltet werden.

Digitale Identität und Authentifizierung:

Blockchain-Technologien können dazu beitragen, die digitale Identität und Authentifizierung zu verbessern. Durch die sichere Speicherung und Verwaltung von Identitätsinformationen in der Blockchain können Unternehmen Identitätsdiebstahl und betrügerische Aktivitäten reduzieren.

Produktregistrierung und Urheberrechte:

Blockchain-Technologien können Unternehmen dabei unterstützen, die Authentizität und Echtheit von Produkten zu gewährleisten. Durch die Registrierung von Produkten in der Blockchain können Unternehmen Produktpiraterie und Fälschungen bekämpfen und ihre Markenrechte schützen.

Supply-Chain-Finanzierung:

Die Blockchain-Technologie kann die Finanzierung von Lieferketten verbessern, indem sie die Überprüfung von Transaktionen und Vermögenswerten automatisiert. Durch die Integration von Blockchain-Technologien können Unternehmen schnelleren Zugang zu Finanzierungen erhalten und das Risiko von Betrug oder Doppelfinanzierungen reduzieren.

Verwaltung von Unternehmensdaten:

Die Blockchain-Technologie kann Unternehmen dabei helfen, ihre Daten sicher und transparent zu verwalten. Durch die Verwendung von dezentralen Datenbanken können Unternehmen die Integrität, Verfügbarkeit und Nachvollziehbarkeit von Unternehmensdaten verbessern.

Es ist wichtig, dass Unternehmen eine gründliche Analyse ihrer Prozesse und Anforderungen durchführen, um die Bereiche zu identifizieren, in denen Blockchain-Technologien den größten Mehrwert bieten können. Jeder Einsatzbereich erfordert eine individuelle Betrachtung und die Anpassung der Blockchain-Lösung an die spezifischen Bedürfnisse des Unternehmens.

2.2 Bewertung des Nutzens und der Mehrwerte für das Unternehmen

Die Bewertung des Nutzens und der Mehrwerte einer Blockchain-Implementierung für ein Unternehmen im Mittelstand ist entscheidend, um fundierte Entscheidungen zu treffen und das Potenzial der Technologie voll auszuschöpfen. Hier sind einige Aspekte, die bei der Bewertung berücksichtigt werden sollten:

Effizienzsteigerung:

Die Implementierung von Blockchain-Technologien kann zu einer erheblichen Effizienzsteigerung der Geschäftsprozesse führen. Durch die Automatisierung von

Transaktionen, die Vermeidung von Zwischenschritten und die Reduzierung manueller Aufgaben können Zeit- und Kosteneinsparungen erzielt werden.

Kosteneinsparungen:

Blockchain-Technologien können Unternehmen dabei unterstützen, Kosten einzusparen. Dies kann durch die Reduzierung von Vermittlungsgebühren oder die Optimierung von Prozessen und Ressourcen erreicht werden. Die effiziente Verwaltung von Transaktionen und Vermögenswerten kann zu erheblichen Einsparungen führen.

Transparenz und Vertrauen:

Die Blockchain-Technologie bietet eine transparente und unveränderliche Aufzeichnung von Transaktionen und Daten. Dies erhöht das Vertrauen der Kunden, Partner und Investoren und stärkt das Unternehmensimage. Die verbesserte Transparenz ermöglicht es Unternehmen auch, die Einhaltung von Standards und Vorschriften nachzuweisen.

Sicherheit und Integrität:

Blockchains bieten ein hohes Maß an Sicherheit und Integrität für Daten und Transaktionen. Die dezentrale Natur der Technologie und die kryptografischen Mechanismen gewährleisten den Schutz vor Datenmanipulation und unbefugtem Zugriff. Dies ist besonders wichtig in Bereichen wie Finanztransaktionen oder der Verwaltung sensibler Informationen.

Wettbewerbsvorteil:

Die Implementierung von Blockchain-Technologien kann Unternehmen einen Wettbewerbsvorteil verschaffen. Durch die Nutzung innovativer Technologien können Unternehmen ihre Effizienz und Qualität verbessern, neue Geschäftsmodelle entwickeln und ihren Kunden Mehrwert bieten.

Partnerschaften und Zusammenarbeit:

Blockchain-Technologien fördern die Zusammenarbeit und Partnerschaften zwischen Unternehmen. Durch den Einsatz von Blockchain-Plattformen können Unternehmen nahtlos Informationen austauschen, Verträge verhandeln und gemeinsame Geschäftsprozesse optimieren. Dies stärkt die Effektivität von Lieferketten und fördert Innovation und Kollaboration.

Es ist wichtig, den Nutzen und die Mehrwerte einer Blockchain-Implementierung spezifisch für das Unternehmen zu bewerten. Dies erfordert eine Analyse der individuellen Geschäftsanforderungen, der vorhandenen IT-Infrastruktur und der potenziellen Risiken. Eine umfassende Kosten-Nutzen-Analyse kann dabei helfen, die Rentabilität und den Mehrwert der Implementierung zu bewerten und die Entscheidungsfindung zu unterstützen.

2.3 Berücksichtigung von rechtlichen und regulatorischen Aspekten

Bei der Implementierung von Blockchain-Technologien im Mittelstand ist es unerlässlich, rechtliche und regulatorische Aspekte zu berücksichtigen. Hier sind einige wichtige Punkte, die dabei beachtet werden sollten:

Datenschutz und Datensicherheit:

Unternehmen müssen sicherstellen, dass die Verarbeitung und Speicherung von Daten in der Blockchain den geltenden Datenschutzbestimmungen entspricht. Dies umfasst die Einhaltung von Datenschutzgesetzen wie der Datenschutz-Grundverordnung (DSGVO) und die Implementierung geeigneter technischer und organisatorischer Maßnahmen zum Schutz der Daten vor unbefugtem Zugriff oder Verlust.

Compliance mit bestehenden Gesetzen und Vorschriften:

Unternehmen sollten sicherstellen, dass die Nutzung von Blockchain-Technologien mit den bestehenden Gesetzen und Vorschriften in ihrer Branche konform ist. Je nach Anwendungsbereich können dies Finanzvorschriften, Verbraucherschutzgesetze, Vertragsrecht oder andere relevante Rechtsvorschriften sein. Es ist wichtig, eine umfassende rechtliche Prüfung durchzuführen und gegebenenfalls Expertenrat einzuholen.

Smart Contracts und rechtliche Bindung:

Smart Contracts sind eine zentrale Funktion von Blockchain-Technologien. Unternehmen sollten jedoch berücksichtigen, dass die rechtliche Bindung von Smart Contracts von Land zu Land unterschiedlich sein kann. Es ist wichtig, die rechtliche Anerkennung von Smart Contracts zu prüfen und sicherzustellen, dass sie den erforderlichen Vertragsschlussbedingungen entsprechen.

Verantwortlichkeiten und Haftung:

Bei der Nutzung von Blockchain-Technologien ist es wichtig, die Verantwortlichkeiten und Haftung der beteiligten Parteien zu klären. Dies betrifft insbesondere Fragen der Identifizierung von Teilnehmern, der Authentifizierung von Transaktionen und der Beweisbarkeit von Handlungen. Es ist ratsam, klare Vereinbarungen und Nutzungsbedingungen festzulegen, um mögliche rechtliche Streitigkeiten zu vermeiden.

Regulatorische Compliance und Berichterstattung:

Unternehmen sollten sicherstellen, dass sie alle erforderlichen regulatorischen Compliance-Anforderungen erfüllen, insbesondere im Finanz- und Handelsbereich. Dies kann die Erfüllung von Berichtspflichten, die Einhaltung von Geldwäsche- und Know-Your-Customer-Richtlinien sowie die Durchführung von internen oder externen Prüfungen umfassen.

Geistiges Eigentum und Lizenzierung:

Bei der Nutzung von Blockchain-Technologien sollten Unternehmen auch die Aspekte des geistigen Eigentums und der Lizenzierung berücksichtigen. Dies umfasst die Überprüfung von Urheberrechten, Patenten oder Markenrechten im Zusammenhang mit der Technologie und der verwendeten Plattform. Es ist wichtig, sicherzustellen, dass alle erforderlichen Rechte und Lizenzen vorhanden sind, um rechtliche Konflikte zu vermeiden.

Die Berücksichtigung von rechtlichen und regulatorischen Aspekten ist ein wesentlicher Bestandteil einer erfolgreichen Blockchain-Implementierung. Unternehmen sollten frühzeitig mit rechtlichen Experten zusammenarbeiten, um die Einhaltung der geltenden Gesetze und Vorschriften zu gewährleisten und mögliche Risiken zu minimieren.

3.1 Unterschiedliche Arten von Blockchains:

Public, Private und Consortium Blockchains

Bei der Implementierung von Blockchain-Technologien im Mittelstand stehen verschiedene Arten von Blockchains zur Verfügung. Jede Art hat ihre eigenen Merkmale und eignet sich für unterschiedliche Anwendungsfälle. Hier sind die drei gängigsten Arten von Blockchains:

Public Blockchain:

Eine Public Blockchain ist eine dezentrale Blockchain, die öffentlich zugänglich ist. Jeder kann an der Teilnahme und Verifizierung der Transaktionen teilnehmen. Beispiele für Public Blockchains sind Bitcoin und Ethereum. Vorteile einer Public Blockchain sind ihre hohe Transparenz, Sicherheit und Unveränderlichkeit. Allerdings sind Public Blockchains in der Regel langsamer und haben höhere Transaktionskosten. Public Blockchains eignen sich gut für Anwendungsfälle, bei denen Offenheit und Transparenz entscheidend sind, z. B. bei Kryptowährungen oder dezentralen Anwendungen (DApps).

Private Blockchain:

Eine Private Blockchain ist eine Blockchain, die von einer einzigen Organisation oder einem Konsortium von Organisationen kontrolliert wird. Der Zugriff auf die Blockchain ist auf autorisierte Teilnehmer beschränkt. Private Blockchains bieten eine höhere Geschwindigkeit und Skalierbarkeit im Vergleich zu Public Blockchains. Sie ermöglichen auch eine größere Kontrolle über die Teilnehmer und die Zugriffsberechtigungen. Private Blockchains eignen sich für unternehmensinterne Anwendungen, bei denen Vertraulichkeit und Kontrolle über die Daten und

Transaktionen wichtig sind, wie z. B. Supply-Chain-Management oder interne Abrechnungssysteme.

Consortium Blockchain:

Eine Consortium Blockchain ist eine Art von Blockchain, die von einer Gruppe von Organisationen gemeinsam betrieben wird. Im Gegensatz zu einer Private Blockchain, bei der eine einzige Organisation die Kontrolle hat, ermöglicht eine Consortium Blockchain die Zusammenarbeit und Interaktion zwischen mehreren Organisationen. Die Teilnehmer in einer Consortium Blockchain sind vertrauenswürdige Entitäten, die gemeinsam an der Validierung der Transaktionen arbeiten. Consortium Blockchains bieten eine erhöhte Skalierbarkeit, Geschwindigkeit und Datenschutz im Vergleich zu Public Blockchains, während sie gleichzeitig die Vorteile der Zusammenarbeit und der gemeinsamen Verwaltung von Daten und Prozessen bieten. Sie eignen sich für branchenübergreifende Anwendungen, bei denen mehrere Organisationen zusammenarbeiten müssen, wie z. B. Lieferkettenmanagement oder gemeinsame Forschungsprojekte.

Die Auswahl der richtigen Art von Blockchain hängt von den spezifischen Anforderungen, der gewünschten Teilnehmerkontrolle, dem Grad der Privatsphäre und anderen Faktoren ab. Unternehmen sollten ihre Anwendungsfälle sorgfältig analysieren und die Vor- und Nachteile jeder Art von Blockchain berücksichtigen, um die passende Lösung zu finden.

3.2 Bewertung von Blockchain-Plattformen und -Protokollen

Die Auswahl einer geeigneten Blockchain-Plattform oder eines Protokolls ist ein wichtiger Schritt bei der Implementierung von Blockchain-Technologien im Mittelstand. Es gibt eine Vielzahl von Plattformen und Protokollen zur Auswahl, von denen jede ihre eigenen Merkmale und Vor- und Nachteile hat. Bei der Bewertung von Blockchain-Plattformen und -Protokollen sollten folgende Aspekte berücksichtigt werden:

Skalierbarkeit:

Die Skalierbarkeit ist ein wichtiger Faktor, der die Leistungsfähigkeit der Blockchain-Plattform beeinflusst. Es ist wichtig, zu prüfen, ob die Plattform in der Lage ist, die erforderliche Anzahl von Transaktionen pro Sekunde zu verarbeiten und mit zunehmendem Nutzerwachstum skalieren zu können.

Sicherheit:

Die Sicherheit ist von entscheidender Bedeutung, insbesondere wenn es um geschäftskritische Anwendungen geht. Es ist wichtig, zu prüfen, welche Sicherheitsmechanismen und Konsensalgorithmen von der Plattform verwendet werden, um Manipulationen, Angriffe und Datenverlust zu verhindern.

Flexibilität:

Die Flexibilität der Plattform bezieht sich darauf, wie leicht sie an die spezifischen Anforderungen des Unternehmens angepasst werden kann. Es ist wichtig zu prüfen, ob die Plattform die Entwicklung von Smart Contracts, die Integration von externen Systemen und die Anpassung von Geschäftsregeln ermöglicht.

Entwicklerfreundlichkeit:

Die Plattform sollte eine gute Unterstützung für Entwickler bieten, z. B. durch eine umfangreiche Dokumentation, Entwicklertools und eine aktive Entwicklergemeinschaft. Eine leicht zugängliche und gut dokumentierte Plattform vereinfacht die Entwicklung von Blockchain-Anwendungen und verkürzt die Entwicklungszeiten.

Interoperabilität:

Wenn das Unternehmen bereits bestehende Systeme oder Plattformen hat, ist es wichtig zu prüfen, ob die gewählte Blockchain-Plattform eine nahtlose Integration ermöglicht. Interoperabilität ist entscheidend, um die Blockchain mit anderen IT-Systemen und externen Partnern zu verbinden.

Kosten:

Die Kosten für die Nutzung der Blockchain-Plattform sollten ebenfalls berücksichtigt werden. Dies beinhaltet nicht nur die Lizenzkosten, sondern auch die Transaktionsgebühren, die Netzwerkgebühren und mögliche Wartungskosten. Es ist wichtig, die Kostenstruktur zu verstehen und eine Kosten-Nutzen-Analyse durchzuführen.

Reife und Stabilität:

Die Reife und Stabilität der Plattform sind wichtige Faktoren, um das Risiko von technischen Problemen und potenziellen Sicherheitslücken zu minimieren. Es ist empfehlenswert, Plattformen zu wählen, die bereits in der Praxis erprobt sind und über eine solide Erfolgsbilanz verfügen.

Es ist ratsam, mehrere Blockchain-Plattformen und -Protokolle zu evaluieren, um die beste Lösung für die spezifischen Anforderungen des Unternehmens zu finden. Proof-of-Concepts, Demos oder Pilotprojekte können dabei helfen, die Funktionalität und Eignung der Plattformen in der Praxis zu testen. Zudem kann die Zusammenarbeit mit Experten und Beratern helfen, eine fundierte Entscheidung zu treffen.

3.3 Kriterien für die Auswahl der geeigneten Blockchain-Plattform

Bei der Auswahl der geeigneten Blockchain-Plattform für den Mittelstand sollten mehrere Kriterien berücksichtigt werden. Hier sind einige wichtige Faktoren, die bei der Entscheidung helfen können:

Anwendungsbereich:

Identifizieren Sie den spezifischen Anwendungsbereich, für den die Blockchain-Plattform eingesetzt werden soll. Je nach Anwendungsfall können unterschiedliche Plattformen besser geeignet sein. Stellen Sie sicher, dass die Plattform die erforderlichen Funktionen und Möglichkeiten bietet, um die spezifischen Anforderungen zu erfüllen.

Skalierbarkeit und Leistung:

Überprüfen Sie die Skalierbarkeit der Plattform und ihre Fähigkeit, mit der erwarteten Anzahl von Transaktionen und Teilnehmern umzugehen. Eine leistungsfähige Blockchain-Plattform sollte eine hohe Transaktionsgeschwindigkeit und -kapazität bieten, um den Bedürfnissen des Unternehmens gerecht zu werden.

Sicherheit:

Sicherheit ist von entscheidender Bedeutung bei der Auswahl einer Blockchain-Plattform. Überprüfen Sie die Sicherheitsmaßnahmen und Konsensalgorithmen der Plattform, um sicherzustellen, dass sie vor Angriffen, Datenmanipulation und unbefugtem Zugriff geschützt ist. Eine robuste Sicherheitsarchitektur und eine aktive Community zur regelmäßigen Überprüfung und Aktualisierung der Sicherheitsmaßnahmen sind wichtige Aspekte.

Entwicklertools und Unterstützung:

Überprüfen Sie die verfügbaren Entwicklertools und die Unterstützung der Plattform für Entwickler. Eine benutzerfreundliche und gut dokumentierte Plattform mit einer aktiven Entwicklergemeinschaft erleichtert die Entwicklung und den Einsatz von Blockchain-Anwendungen. Überprüfen Sie auch, ob die Plattform über eine ausreichende Anzahl von Entwicklern und Experten verfügt, die bei Bedarf Unterstützung bieten können.

Interoperabilität und Integration:

Berücksichtigen Sie die Interoperabilität der Plattform mit anderen Systemen und Plattformen, die bereits im Unternehmen vorhanden sind. Eine gute Integration ermöglicht den nahtlosen Datenaustausch und die Zusammenarbeit mit externen Partnern oder bestehenden Systemen. Überprüfen Sie, ob die Plattform Standards unterstützt und APIs zur Verfügung stellt, um die Integration zu erleichtern.

Kosten:

Betrachten Sie die Kostenstruktur der Plattform, einschließlich Lizenzgebühren, Transaktionsgebühren und Wartungskosten. Vergleichen Sie die Kosten mit den erwarteten Vorteilen und dem geschätzten Nutzen, den die Blockchain-Implementierung für das Unternehmen bringen wird. Eine fundierte Kosten-Nutzen-Analyse ist wichtig, um die Wirtschaftlichkeit der Plattform zu bewerten.

Reife und Erfolgsbilanz:

Beachten Sie die Reife der Plattform und ihre Erfolgsbilanz. Überprüfen Sie die bisherigen Projekte und Implementierungen, die auf der Plattform basieren, und bewerten Sie deren Erfolg. Plattformen mit einer soliden Erfolgsbilanz und einer aktiven Community sind oft zuverlässiger und bieten eine bessere Unterstützung.

Es ist ratsam, eine gründliche Evaluation durchzuführen, Proof-of-Concepts zu erstellen und möglicherweise Experten oder Berater hinzuzuziehen, um bei der Auswahl der geeigneten Blockchain-Plattform zu helfen. Jeder Anwendungsfall ist einzigartig, daher ist es wichtig, die spezifischen Anforderungen des Unternehmens zu berücksichtigen und die Plattform zu wählen, die am besten zu den Zielen und Bedürfnissen passt.

4.1 Definition der Unternehmensziele und -strategie

Die Definition klarer Unternehmensziele und einer entsprechenden Strategie ist ein wesentlicher Schritt bei der Implementierung von Blockchain-Technologien im Mittelstand. Hier sind einige Schritte, um diesen Prozess zu unterstützen:

Analyse des Unternehmens:

Führen Sie eine umfassende Analyse des Unternehmens durch, um seine aktuellen Herausforderungen, Chancen und Ziele zu verstehen. Identifizieren Sie die Bereiche, in denen Blockchain-Technologien potenziell Mehrwert bieten können, wie beispielsweise die Verbesserung der Effizienz, die Steigerung der Transparenz oder die Optimierung von Prozessen.

Festlegung der Unternehmensziele:

Basierend auf der Analyse sollten klare und spezifische Unternehmensziele definiert werden, die durch den Einsatz von Blockchain-Technologien erreicht werden sollen. Diese Ziele können beispielsweise die Steigerung der operativen Effizienz, die Verbesserung der Datensicherheit oder die Erschließung neuer Geschäftsmöglichkeiten umfassen. Es ist wichtig, dass die Ziele messbar und realistisch sind.

Entwicklung einer Blockchain-Strategie:

Auf Basis der Unternehmensziele sollte eine umfassende Blockchain-Strategie entwickelt werden. Diese Strategie sollte klare Schritte enthalten, wie die Blockchain-Technologien in das Unternehmen integriert und genutzt werden können. Es sollten Aspekte wie die Auswahl der geeigneten Blockchain-Plattform, die Entwicklung von

Use Cases, die Ressourcenplanung und die Implementierungszeitpläne berücksichtigt werden.

Ressourcenplanung:

Die Implementierung von Blockchain-Technologien erfordert Ressourcen wie Budget, Fachwissen und Personal. Es ist wichtig, eine Ressourcenplanung durchzuführen, um sicherzustellen, dass die notwendigen Mittel für die Umsetzung der Blockchain-Strategie vorhanden sind. Dies umfasst die Zuweisung von Budgets, die Schulung des Personals und die Identifizierung von externen Partnern oder Beratern, falls erforderlich.

Risikomanagement:

Identifizieren Sie potenzielle Risiken und Herausforderungen im Zusammenhang mit der Implementierung von Blockchain-Technologien und entwickeln Sie entsprechende Maßnahmen, um diese Risiken zu minimieren. Zu den Risiken können rechtliche und regulatorische Aspekte, Sicherheitsbedenken oder technische Herausforderungen gehören. Durch eine frühzeitige Risikobewertung und das Implementieren geeigneter Maßnahmen können potenzielle Probleme vermieden oder reduziert werden.

Kommunikation und Schulung:

Stellen Sie sicher, dass alle relevanten Stakeholder im Unternehmen über die Blockchain-Strategie informiert sind. Eine klare Kommunikation ist wichtig, um das Verständnis und die Akzeptanz für die Implementierung von Blockchain-Technologien zu fördern. Darüber hinaus sollten Schulungen und Schulungsprogramme angeboten werden, um sicherzustellen, dass das Personal über das erforderliche Wissen und die erforderlichen Fähigkeiten verfügt, um die Blockchain-Technologien effektiv einzusetzen.

Die Definition klarer Unternehmensziele und die Entwicklung einer umfassenden Blockchain-Strategie legen den Grundstein für eine erfolgreiche Implementierung von

Blockchain-Technologien im Mittelstand. Diese Schritte helfen dabei, die Vorteile der Technologie zu maximieren und das Potenzial für das Unternehmen zu erschließen.

4.2 Integration von Blockchain-Technologien in die bestehende IT-Infrastruktur

Die Integration von Blockchain-Technologien in die bestehende IT-Infrastruktur erfordert eine sorgfältige Planung und Umsetzung, um eine nahtlose und effiziente Zusammenarbeit zu gewährleisten. Hier sind einige Schritte zur Integration von Blockchain-Technologien:

Bewertung der bestehenden IT-Infrastruktur:

Führen Sie eine gründliche Bewertung der bestehenden IT-Infrastruktur durch, um deren Kompatibilität und Integration mit Blockchain-Technologien zu bewerten. Identifizieren Sie mögliche Schnittstellen, Datenquellen und Anwendungen, die mit der Blockchain interagieren sollen.

Identifizierung von Use Cases:

Bestimmen Sie die spezifischen Use Cases oder Anwendungsfälle, in denen die Blockchain-Technologie eingesetzt werden soll. Identifizieren Sie die Daten und Prozesse, die von der Blockchain unterstützt werden sollen, und analysieren Sie, wie die Blockchain mit den bestehenden Systemen und Datenbanken interagieren kann.

Auswahl der geeigneten Blockchain-Plattform:

Basierend auf den Anforderungen der Use Cases wählen Sie die geeignete Blockchain-Plattform aus, die am besten zu Ihren Bedürfnissen passt. Berücksichtigen Sie dabei die Skalierbarkeit, Sicherheit, Flexibilität und Integrationsoptionen der Plattform.

Definition der Schnittstellen und Datenflüsse:

Legen Sie die Schnittstellen und Datenflüsse zwischen der Blockchain und den bestehenden IT-Systemen fest. Überlegen Sie, welche Daten in die Blockchain geschrieben werden und welche Daten aus der Blockchain gelesen werden sollen. Entwerfen Sie die erforderlichen Schnittstellen und entwickeln Sie entsprechende APIs oder Integrationsschichten.

Entwicklung von Smart Contracts:

Wenn Smart Contracts Teil des Blockchain-Einsatzes sind, entwickeln Sie die entsprechenden Smart Contracts. Definieren Sie die Geschäftslogik und die Regeln, die in den Smart Contracts umgesetzt werden sollen. Stellen Sie sicher, dass die Smart Contracts mit den bestehenden Prozessen und Anwendungen des Unternehmens integriert sind.

Datenmigration und -integration:

Wenn vorhanden, migrieren Sie die relevanten Daten in die Blockchain. Stellen Sie sicher, dass die Datenintegrität und -konsistenz während des Migrationsprozesses gewährleistet sind. Integrieren Sie auch die Blockchain-Daten in bestehende Reporting- und Analysewerkzeuge, um einen ganzheitlichen Überblick über die Daten zu erhalten.

Überwachung und Wartung:

Richten Sie eine Überwachungsinfrastruktur ein, um die Leistung, Sicherheit und Integrität der Blockchain-Integration zu überwachen. Führen Sie regelmäßige Wartungsarbeiten durch, um sicherzustellen, dass die Blockchain-Technologien ordnungsgemäß funktionieren und eventuelle Probleme rechtzeitig behoben werden.

Schulung und Weiterbildung:

Schulen Sie Ihre Mitarbeiter, um sie mit den Grundlagen der Blockchain-Technologie vertraut zu machen. Stellen Sie sicher, dass das Team über das erforderliche Wissen und die erforderlichen Fähigkeiten verfügt, um die Blockchain-Integration zu unterstützen und zu verwalten.

Eine sorgfältige Integration von Blockchain-Technologien in die bestehende IT-Infrastruktur ist entscheidend, um einen reibungslosen Betrieb und eine erfolgreiche Nutzung der Technologie sicherzustellen. Durch eine gründliche Planung, Bewertung und Umsetzung können die Vorteile der Blockchain-Technologie optimal genutzt werden.

4.3 Erstellung eines Fahrplans für die Implementierung

Die Implementierung von Blockchain-Technologien erfordert einen strukturierten Fahrplan, um sicherzustellen, dass alle erforderlichen Schritte und Aktivitäten rechtzeitig durchgeführt werden. Hier sind einige Schritte zur Erstellung eines Fahrplans für die Implementierung von Blockchain-Technologien im Mittelstand:

Definition der Ziele und Anwendungsfälle:

Beginnen Sie damit, klare Ziele und Anwendungsfälle für den Einsatz von Blockchain-Technologien im Unternehmen zu definieren. Identifizieren Sie die konkreten Bereiche, in denen die Blockchain Mehrwert bringen kann, und setzen Sie klare Ziele, die erreicht werden sollen.

Ressourcenplanung:

Ermitteln Sie die benötigten Ressourcen, sowohl finanzielle als auch personelle, um die Implementierung der Blockchain-Technologien zu unterstützen. Berücksichtigen Sie die Kosten für die Auswahl und Implementierung der Blockchain-Plattform, die Schulung des Personals und die kontinuierliche Wartung und Aktualisierung der Technologie.

Zeitplanung:

Legen Sie einen realistischen Zeitplan fest, der die verschiedenen Phasen der Implementierung abbildet. Berücksichtigen Sie dabei auch die Abhängigkeiten und eventuelle zeitliche Verzögerungen. Identifizieren Sie Meilensteine und Zwischenergebnisse, die erreicht werden müssen, und weisen Sie ihnen entsprechende Zeitrahmen zu.

Auswahl der Blockchain-Plattform:

Basierend auf den definierten Zielen und Anwendungsfällen wählen Sie die geeignete Blockchain-Plattform aus. Berücksichtigen Sie dabei die Anforderungen an Skalierbarkeit, Sicherheit, Flexibilität und Integration mit der bestehenden IT-Infrastruktur.

Entwicklung von Proof-of-Concepts:

Beginnen Sie mit der Entwicklung von Proof-of-Concepts, um die Machbarkeit und den Nutzen der Blockchain-Technologien zu demonstrieren. Identifizieren Sie geeignete Pilotprojekte, die als Testläufe dienen, um die Funktionalität und Integration der Blockchain in der realen Umgebung zu überprüfen.

Implementierung und Integration:

Führen Sie die eigentliche Implementierung der Blockchain-Technologien durch. Entwickeln Sie die erforderlichen Smart Contracts, Schnittstellen und Integrationsschichten, um die Blockchain in die bestehende IT-Infrastruktur zu integrieren. Stellen Sie sicher, dass alle Sicherheitsmaßnahmen implementiert sind und die Datenkonsistenz gewährleistet ist.

Schulung und Veränderungsmanagement:

Schulen Sie Ihre Mitarbeiter, um sie mit den Grundlagen der Blockchain-Technologie und den neuen Prozessen und Arbeitsweisen vertraut zu machen. Stellen Sie sicher, dass die Mitarbeiter die notwendigen Fähigkeiten haben, um die Blockchain-Technologien effektiv zu nutzen. Implementieren Sie auch ein Veränderungsmanagement, um die Akzeptanz und das Engagement der Mitarbeiter sicherzustellen.

Überwachung und Optimierung:

Richten Sie ein Monitoring-System ein, um die Leistung der Blockchain-Technologien zu überwachen und mögliche Probleme frühzeitig zu erkennen. Optimieren Sie kontinuierlich die Implementierung, um die Effizienz, Skalierbarkeit und Sicherheit der Blockchain-Technologien zu verbessern.

Evaluierung und Anpassung:

Überprüfen Sie regelmäßig den Fortschritt der Implementierung und vergleichen Sie die Ergebnisse mit den definierten Zielen. Nehmen Sie Anpassungen vor, wenn erforderlich, um sicherzustellen, dass die Implementierung den gewünschten Mehrwert für das Unternehmen bringt.

Die Erstellung eines Fahrplans unterstützt dabei, die Implementierung von Blockchain-Technologien systematisch und strukturiert durchzuführen. Es ermöglicht eine klare Ausrichtung der Aktivitäten und erleichtert die Überwachung des Fortschritts.

5.1. Einrichtung der Infrastruktur und Aufbau des Netzwerks

Die Einrichtung der Infrastruktur und der Aufbau eines Blockchain-Netzwerks sind entscheidende Schritte bei der Implementierung von Blockchain-Technologien im Mittelstand. Hier sind einige Schritte, um diese Aufgaben erfolgreich umzusetzen:

Auswahl der geeigneten Infrastruktur:

Entscheiden Sie, ob Sie die Blockchain-Infrastruktur in der Cloud oder vor Ort aufbauen möchten. Berücksichtigen Sie dabei Faktoren wie Sicherheit, Skalierbarkeit, Flexibilität und Kosten. Wählen Sie einen vertrauenswürdigen Cloud-Anbieter oder evaluieren Sie die Anforderungen für den Aufbau einer eigenen Infrastruktur.

Installation und Konfiguration der Blockchain-Plattform:

Installieren Sie die ausgewählte Blockchain-Plattform und konfigurieren Sie sie entsprechend den Anforderungen Ihres Unternehmens. Passen Sie die Einstellungen, wie beispielsweise Transaktionsgebühren, Konsensmechanismen und Sicherheitsmaßnahmen, an Ihre spezifischen Bedürfnisse an.

Aufbau des Netzwerks:

Richten Sie das Blockchain-Netzwerk ein, indem Sie die erforderlichen Netzwerkknoten erstellen. Identifizieren Sie die Teilnehmer des Netzwerks, wie beispielsweise Unternehmen, Partner oder Kunden, und laden Sie sie ein, an dem Netzwerk teilzunehmen. Konfigurieren Sie die Berechtigungen und Zugriffsrechte für die einzelnen Teilnehmer.

Implementierung von Sicherheitsmaßnahmen:

Implementieren Sie geeignete Sicherheitsmaßnahmen, um die Integrität und Vertraulichkeit des Blockchain-Netzwerks zu gewährleisten. Dies kann die Verwendung von Verschlüsselung, Zugriffskontrollen, mehrstufiger Authentifizierung und regelmäßigen Sicherheitsaudits umfassen. Beachten Sie auch die rechtlichen und datenschutzrechtlichen Anforderungen.

Konfiguration von Smart Contracts und Transaktionen:

Entwickeln Sie die erforderlichen Smart Contracts und konfigurieren Sie die Transaktionen, die im Blockchain-Netzwerk ausgeführt werden sollen. Definieren Sie die Geschäftslogik, Regeln und Bedingungen für die Transaktionen und überprüfen Sie deren Funktionalität und Sicherheit.

Integration mit bestehenden Systemen:

Integrieren Sie das Blockchain-Netzwerk mit den bestehenden IT-Systemen und Datenbanken Ihres Unternehmens. Stellen Sie sicher, dass Daten aus den bestehenden Systemen in die Blockchain geschrieben und von der Blockchain gelesen werden können. Entwickeln Sie geeignete Schnittstellen und APIs für den Datenaustausch.

Test und Überprüfung:

Führen Sie umfangreiche Tests durch, um die Leistung, Sicherheit und Skalierbarkeit des Blockchain-Netzwerks zu überprüfen. Identifizieren Sie potenzielle Schwachstellen oder Engpässe und beheben Sie diese rechtzeitig. Verifizieren Sie die Funktionalität der Smart Contracts und die Genauigkeit der Transaktionen.

Schulung und Unterstützung der Teilnehmer:

Schulen Sie die Teilnehmer des Blockchain-Netzwerks, um sicherzustellen, dass sie die notwendigen Kenntnisse und Fähigkeiten haben, um das Netzwerk effektiv zu nutzen. Stellen Sie eine kontinuierliche Unterstützung und Schulung bereit, um Fragen zu beantworten und Probleme zu lösen.

Die Einrichtung der Infrastruktur und der Aufbau des Blockchain-Netzwerks sind entscheidend, um eine stabile und effiziente Blockchain-Implementierung zu gewährleisten. Durch sorgfältige Planung, Konfiguration und Überprüfung können Sie sicherstellen, dass das Netzwerk reibungslos funktioniert und den Anforderungen Ihres Unternehmens entspricht.

5.2 Smart Contract-Entwicklung und -Integration

Die Smart Contract-Entwicklung und -Integration sind zentrale Schritte bei der Implementierung von Blockchain-Technologien im Mittelstand. Hier sind einige Schritte, um diese Aufgaben erfolgreich umzusetzen:

Identifizierung der Anwendungsfälle:

Definieren Sie die konkreten Anwendungsfälle, in denen Smart Contracts zum Einsatz kommen sollen. Identifizieren Sie die beteiligten Parteien, die erforderlichen Transaktionen und die logischen Regeln, die in den Smart Contracts umgesetzt werden sollen.

Programmierung der Smart Contracts:

Verwenden Sie eine geeignete Programmiersprache wie Solidity (für die Ethereum-Plattform) oder andere Sprachen, die von der ausgewählten Blockchain-Plattform unterstützt werden. Entwickeln Sie die Smart Contracts gemäß den definierten Anforderungen und Geschäftsregeln.

Sicherheitsaspekte berücksichtigen:

Stellen Sie sicher, dass die entwickelten Smart Contracts sicher sind und vor potenziellen Angriffen geschützt sind. Implementieren Sie Best Practices zur Sicherheit von Smart Contracts, wie beispielsweise die Überprüfung von Eingaben, die Vermeidung von bekannten Sicherheitslücken und die Verwendung von sicheren Bibliotheken und Frameworks.

Testen der Smart Contracts:

Führen Sie umfangreiche Tests durch, um die Funktionalität und Korrektheit der Smart Contracts sicherzustellen. Testen Sie verschiedene Szenarien und Randfälle, um potenzielle Fehler zu identifizieren und zu beheben. Verifizieren Sie auch die Integration der Smart Contracts mit anderen Komponenten des Blockchain-Netzwerks.

Bereitstellung und Aktivierung der Smart Contracts:

Stellen Sie die entwickelten Smart Contracts auf der ausgewählten Blockchain-Plattform bereit. Überprüfen Sie die erforderlichen Berechtigungen und Zugriffsrechte für die Nutzung der Smart Contracts. Aktivieren Sie die Smart Contracts im Netzwerk, um sie für Transaktionen verfügbar zu machen.

Integration der Smart Contracts in Anwendungen:

Integrieren Sie die Smart Contracts in die bestehenden Anwendungen und Prozesse Ihres Unternehmens. Entwickeln Sie geeignete Schnittstellen und APIs, um die Interaktion mit den Smart Contracts zu ermöglichen. Stellen Sie sicher, dass die Smart Contracts nahtlos mit den Anwendungen und Datenbanken kommunizieren können.

Überwachung und Wartung der Smart Contracts:

Richten Sie eine Überwachungsinfrastruktur ein, um die Leistung und Integrität der Smart Contracts zu überwachen. Führen Sie regelmäßige Wartungsarbeiten durch, um mögliche Fehler oder Sicherheitsprobleme zu beheben und die Smart Contracts bei Bedarf zu aktualisieren.

Schulung der Beteiligten:

Schulen Sie die beteiligten Parteien, wie beispielsweise Mitarbeiter und Geschäftspartner, um sie mit den Grundlagen der Smart Contracts und deren Nutzung vertraut zu machen. Stellen Sie sicher, dass sie die erforderlichen Kenntnisse haben, um die Smart Contracts effektiv einzusetzen und zu nutzen.

Die Entwicklung und Integration von Smart Contracts erfordert sorgfältige Planung, Programmierung und Überprüfung, um sicherzustellen, dass die Smart Contracts den definierten Anforderungen entsprechen und reibungslos funktionieren. Durch die Einhaltung bewährter Praktiken und die regelmäßige Überwachung können Sie sicherstellen, dass die Smart Contracts einen Mehrwert für Ihr Unternehmen bringen.

5.3 Sicherheitsaspekte und Best Practices bei der Implementierung

Bei der Implementierung von Blockchain-Technologien im Mittelstand spielen Sicherheitsaspekte eine entscheidende Rolle. Hier sind einige Best Practices und Sicherheitsaspekte, die berücksichtigt werden sollten:

Identifizierung und Verwaltung von Zugriffsrechten:

Stellen Sie sicher, dass die Zugriffsrechte für das Blockchain-Netzwerk und die Smart Contracts angemessen konfiguriert sind. Definieren Sie klare Berechtigungen für die Teilnehmer und steuern Sie den Zugriff auf kritische Funktionen und Daten.

Verwendung von sicheren Identitäten und Authentifizierung:

Implementieren Sie eine starke Identitätsverwaltung und eine zuverlässige Authentifizierung für die Teilnehmer des Blockchain-Netzwerks. Verwenden Sie sichere Verschlüsselungsalgorithmen und Mechanismen wie digitale Zertifikate, um die Integrität und Vertraulichkeit der Kommunikation zu gewährleisten.

Schutz vor Angriffen und Manipulation:

Implementieren Sie Sicherheitsmechanismen, um das Blockchain-Netzwerk vor Angriffen und Manipulationen zu schützen. Dazu gehören Maßnahmen wie Konsensmechanismen (z. B. Proof of Work oder Proof of Stake), um die Integrität der Transaktionen zu gewährleisten, sowie Schutz vor Doppelverwendungen, Sybil-Angriffen und anderen bekannten Angriffsvektoren.

Auditing und Transparenz:

Implementieren Sie Mechanismen zur Überprüfung und Nachverfolgung von Transaktionen im Blockchain-Netzwerk. Stellen Sie sicher, dass alle Transaktionen und Veränderungen im Netzwerk protokolliert und überwacht werden können. Dies ermöglicht eine transparente Überprüfung und Rückverfolgbarkeit der Aktivitäten.

Regelmäßige Sicherheitsaudits:

Führen Sie regelmäßige Sicherheitsaudits durch, um potenzielle Sicherheitslücken und Schwachstellen im Blockchain-Netzwerk zu identifizieren. Überprüfen Sie die Implementierung der Smart Contracts, die Konfiguration der Netzwerkknoten und die allgemeine Sicherheitsarchitektur. Beseitigen Sie identifizierte Risiken und implementieren Sie geeignete Sicherheitsverbesserungen.

Aktualisierung und Patch-Management:

Halten Sie die Blockchain-Plattform und verwendete Softwarekomponenten regelmäßig auf dem neuesten Stand. Überprüfen Sie regelmäßig auf verfügbare Updates und Sicherheitspatches und implementieren Sie diese zeitnah. Aktualisieren Sie auch die Smart Contracts, um mögliche Schwachstellen zu beheben und die Funktionalität zu verbessern.

Schulung und Sensibilisierung der Teilnehmer:

Schulen Sie alle Teilnehmer des Blockchain-Netzwerks, um sie für Sicherheitsrisiken und bewährte Sicherheitspraktiken zu sensibilisieren. Schulen Sie sie in Bezug auf Phishing-Angriffe, Social Engineering und den sicheren Umgang mit digitalen Identitäten und privaten Schlüsseln.

Datensicherheit und Datenschutz:

Achten Sie auf den Schutz von sensiblen Daten im Blockchain-Netzwerk. Implementieren Sie Mechanismen wie Datenverschlüsselung und Anonymisierung, um die Vertraulichkeit und den Datenschutz zu gewährleisten. Beachten Sie auch die rechtlichen Anforderungen in Bezug auf den Umgang mit personenbezogenen Daten.

Die Implementierung von Blockchain-Technologien erfordert eine umfassende Sicherheitsstrategie und die Einhaltung bewährter Sicherheitspraktiken. Durch die Berücksichtigung dieser Sicherheitsaspekte können Sie das Blockchain-Netzwerk vor potenziellen Bedrohungen schützen und das Vertrauen der Teilnehmer gewinnen.

6.1 Verwaltung von Daten in der Blockchain

Die Verwaltung von Daten in der Blockchain ist ein wichtiger Aspekt bei der Implementierung von Blockchain-Technologien im Mittelstand. Hier sind einige Punkte, die bei der Datenverwaltung in der Blockchain berücksichtigt werden sollten:

Datenspeicherung:

Entscheiden Sie, welche Art von Daten in der Blockchain gespeichert werden sollen. Überlegen Sie, ob es notwendig ist, alle Daten direkt in der Blockchain abzulegen oder ob es sinnvoll ist, lediglich Hashes oder Verweise auf externe Datenspeicher zu speichern. Beachten Sie dabei die Größe der Daten und die Effizienz der Blockchain.

Datenintegrität:

Die Blockchain gewährleistet die Unveränderlichkeit der gespeicherten Daten. Überprüfen Sie jedoch, ob die Daten vor der Speicherung korrekt und vertrauenswürdig sind. Implementieren Sie Mechanismen, um sicherzustellen, dass die Datenintegrität gewahrt bleibt und keine fehlerhaften oder manipulierten Daten in die Blockchain gelangen.

Datenschutz und Vertraulichkeit:

Berücksichtigen Sie die datenschutzrechtlichen Anforderungen und überlegen Sie, ob bestimmte Daten sensibel sind und besonderen Schutz erfordern. Abhängig von der Art der Blockchain (z.B. Public, Private oder Consortium) können unterschiedliche Ansätze zur Gewährleistung der Datenschutz- und Vertraulichkeitsanforderungen erforderlich sein.

Datenzugriff und Berechtigungen:

Legen Sie fest, wer Zugriff auf die gespeicherten Daten in der Blockchain haben soll und welche Berechtigungen die Teilnehmer haben. Implementieren Sie geeignete Zugriffskontrollmechanismen, um sicherzustellen, dass nur autorisierte Teilnehmer auf die Daten zugreifen können.

Datenmigration und -aktualisierung:

Planen Sie im Voraus, wie mit der Migration und Aktualisierung von Daten in der Blockchain umgegangen werden soll. Stellen Sie sicher, dass Mechanismen vorhanden sind, um Daten bei Bedarf zu aktualisieren oder zu migrieren, ohne dabei die Integrität der Blockchain zu gefährden.

Datenanalyse und Reporting:

Berücksichtigen Sie die Anforderungen an die Datenanalyse und das Reporting. Überlegen Sie, wie Daten aus der Blockchain extrahiert und analysiert werden können, um wertvolle Erkenntnisse zu gewinnen und Berichte zu generieren.

Datenlöschung und -aufbewahrung:

Beachten Sie die geltenden gesetzlichen Vorschriften zur Löschung und Aufbewahrung von Daten. Überlegen Sie, wie mit Daten in der Blockchain umgegangen wird, wenn sie nicht mehr benötigt werden oder wenn die Aufbewahrungsfristen abgelaufen sind.

Datenverwaltungswerkzeuge und -technologien:

Erkunden Sie verschiedene Werkzeuge und Technologien, die Ihnen bei der effektiven Verwaltung von Daten in der Blockchain helfen können. Es gibt spezialisierte Lösungen und Plattformen, die die Datenverwaltung in der Blockchain erleichtern können.

Die Verwaltung von Daten in der Blockchain erfordert eine sorgfältige Planung und Implementierung, um sicherzustellen, dass die Datenintegrität, Vertraulichkeit und

Zugänglichkeit gewährleistet sind. Durch die Berücksichtigung dieser Aspekte können Unternehmen effektiv von der Nutzung der Blockchain-Technologie profitieren.

6.2 Datenschutz und Anonymität in Blockchain-Netzwerken

Der Datenschutz und die Anonymität sind wichtige Aspekte bei der Implementierung von Blockchain-Netzwerken im Mittelstand. Hier sind einige Punkte, die bei der Wahrung des Datenschutzes und der Anonymität in Blockchain-Netzwerken berücksichtigt werden sollten:

Pseudonymität:

Blockchain-Netzwerke ermöglichen in der Regel eine Pseudonymität, bei der Teilnehmer durch kryptografische Schlüssel identifiziert werden, anstatt durch ihre tatsächlichen Namen. Diese Pseudonymität trägt zur Anonymität bei, da die Identität der Teilnehmer nicht offensichtlich ist. Beachten Sie jedoch, dass Transaktionen und Aktionen in der Blockchain trotzdem nachvollziehbar sein können.

Vertrauliche Transaktionen:

Einige Blockchain-Plattformen bieten die Möglichkeit, vertrauliche Transaktionen durchzuführen. Diese Transaktionen ermöglichen es den Teilnehmern, vertrauliche Informationen zu übertragen, ohne dass diese für alle im Netzwerk sichtbar sind. Dies gewährleistet einen höheren Datenschutz, insbesondere bei sensiblen Transaktionen.

Datenschutz durch Verschlüsselung:

Verwenden Sie Verschlüsselungsmechanismen, um sensible Daten in der Blockchain zu schützen. Durch die Verschlüsselung wird sichergestellt, dass nur autorisierte Parteien auf die Daten zugreifen können. Dies hilft, die Vertraulichkeit und den Datenschutz zu gewährleisten.

Zero-Knowledge-Proofs:

Zero-Knowledge-Proofs sind kryptografische Mechanismen, die es einem Teilnehmer ermöglichen, den Besitz bestimmter Informationen zu beweisen, ohne diese Informationen selbst preiszugeben. Dies ermöglicht es, Transaktionen oder Interaktionen in der Blockchain zu verifizieren, ohne sensible Daten offenzulegen und trägt zur Anonymität bei.

Datenschutzrechtliche Einhaltung:

Beachten Sie die geltenden Datenschutzgesetze und -bestimmungen, insbesondere wenn personenbezogene Daten in der Blockchain verarbeitet werden. Stellen Sie sicher, dass Sie die erforderlichen Maßnahmen ergreifen, um den Schutz personenbezogener Daten zu gewährleisten, z. B. die Einholung der Zustimmung der betroffenen Personen oder die Implementierung von Mechanismen zur Anonymisierung von personenbezogenen Daten.

Einwilligung der Teilnehmer:

Informieren Sie die Teilnehmer des Blockchain-Netzwerks über die Datenschutz- und Anonymitätsaspekte. Stellen Sie sicher, dass die Teilnehmer ihre Einwilligung zur Verarbeitung ihrer Daten in der Blockchain geben und über ihre Rechte bezüglich des Datenschutzes informiert sind.

Recht auf Vergessenwerden:

Implementieren Sie Mechanismen, um das "Recht auf Vergessenwerden" zu gewährleisten, falls dies gemäß den geltenden Datenschutzgesetzen erforderlich ist. Stellen Sie sicher, dass bestimmte Daten aus der Blockchain gelöscht oder unkenntlich gemacht werden können, wenn sie nicht mehr benötigt werden oder wenn die betroffene Person dies verlangt.

Überwachung und Audit:

Richten Sie Überwachungsmechanismen ein, um die Einhaltung des Datenschutzes und der Anonymität in der Blockchain zu überprüfen. Führen Sie regelmäßige Audits durch, um sicherzustellen, dass keine Verstöße gegen Datenschutzbestimmungen oder unbefugten Zugriff auf sensible Informationen vorliegen.

Die Wahrung des Datenschutzes und der Anonymität in Blockchain-Netzwerken erfordert eine ganzheitliche Betrachtung und die Umsetzung geeigneter technischer und organisatorischer Maßnahmen. Durch die Implementierung dieser Aspekte können Unternehmen den Datenschutz ihrer Teilnehmer wahren und gleichzeitig die Vorteile der Blockchain-Technologie nutzen.

6.3 Einhaltung von Compliance- und Datenschutzbestimmungen

Die Einhaltung von Compliance- und Datenschutzbestimmungen ist von entscheidender Bedeutung bei der Implementierung von Blockchain-Technologien im Mittelstand. Hier sind einige Punkte, die bei der Einhaltung dieser Bestimmungen berücksichtigt werden sollten:

Rechtliche Rahmenbedingungen:

Informieren Sie sich über die geltenden gesetzlichen Bestimmungen und Vorschriften in Bezug auf den Datenschutz, die Datensicherheit und andere relevante Aspekte. Berücksichtigen Sie sowohl auf nationaler als auch auf internationaler Ebene gültige Gesetze und Vorschriften, um sicherzustellen, dass Ihre Blockchain-Implementierung diesen Anforderungen entspricht.

Datenschutzrichtlinien:

Erstellen Sie klare Datenschutzrichtlinien, die den Umgang mit personenbezogenen Daten in der Blockchain regeln. Legen Sie fest, wie personenbezogene Daten gesammelt, verarbeitet, gespeichert und geschützt werden sollen. Stellen Sie sicher, dass die Datenschutzrichtlinien den geltenden Gesetzen und Bestimmungen entsprechen und von allen Teilnehmern des Blockchain-Netzwerks eingehalten werden.

Rechte der Betroffenen:

Achten Sie darauf, dass die Rechte der Betroffenen gemäß den Datenschutzbestimmungen gewahrt werden. Informieren Sie die Teilnehmer über ihre Rechte in Bezug auf den Zugriff auf ihre Daten, die Berichtigung von falschen Daten, die Löschung ihrer Daten und andere relevante Aspekte. Implementieren Sie Mechanismen, um sicherzustellen, dass diese Rechte respektiert und umgesetzt werden können.

Einwilligung der Teilnehmer:

Holen Sie die Einwilligung der Teilnehmer ein, bevor Sie ihre Daten in der Blockchain verarbeiten. Stellen Sie sicher, dass die Einwilligung freiwillig, informiert und eindeutig ist. Geben Sie den Teilnehmern klare Informationen darüber, wie ihre Daten verwendet werden, und ermöglichen Sie es ihnen, ihre Einwilligung jederzeit zu widerrufen.

Datensicherheit:

Implementieren Sie geeignete Sicherheitsmaßnahmen, um die Vertraulichkeit, Integrität und Verfügbarkeit der Daten in der Blockchain zu gewährleisten. Verwenden Sie Verschlüsselungstechniken, um die Daten zu schützen, und implementieren Sie Zugriffskontrollen, um sicherzustellen, dass nur autorisierte Personen auf die Daten zugreifen können. Führen Sie regelmäßige Sicherheitsaudits durch, um potenzielle Schwachstellen zu identifizieren und zu beheben.

Aufbewahrungsfristen:

Berücksichtigen Sie die geltenden Aufbewahrungsfristen für die Daten in der Blockchain. Stellen Sie sicher, dass die Daten gemäß den gesetzlichen Anforderungen für den vorgeschriebenen Zeitraum aufbewahrt werden und anschließend sicher gelöscht oder unkenntlich gemacht werden.

Überprüfung und Audit:

Führen Sie regelmäßige Überprüfungen und Audits durch, um sicherzustellen, dass Ihre Blockchain-Implementierung den Compliance- und Datenschutzbestimmungen entspricht. Identifizieren Sie potenzielle Risiken und Schwachstellen und ergreifen Sie geeignete Maßnahmen, um diese zu beheben.

Zusammenarbeit mit Experten:

Ziehen Sie bei Bedarf Experten für Datenschutz, Compliance und Recht hinzu, um sicherzustellen, dass Ihre Blockchain-Implementierung den geltenden Bestimmungen entspricht. Arbeiten Sie mit ihnen zusammen, um die Risiken zu identifizieren und die erforderlichen Maßnahmen zur Einhaltung der Compliance- und Datenschutzbestimmungen umzusetzen.

Die Einhaltung von Compliance- und Datenschutzbestimmungen ist essenziell, um das Vertrauen der Teilnehmer zu gewinnen und rechtliche Konsequenzen zu vermeiden. Durch eine sorgfältige Planung und Umsetzung können Unternehmen sicherstellen, dass ihre Blockchain-Implementierung den geltenden Bestimmungen entspricht.

7.1 Anpassung von Geschäftsprozessen an die Blockchain

Die Einführung von Blockchain-Technologien erfordert oft eine Anpassung der bestehenden Geschäftsprozesse im Mittelstand. Hier sind einige Schritte und Überlegungen, die bei der Anpassung von Geschäftsprozessen an die Blockchain berücksichtigt werden sollten:

Prozessanalyse:

Analysieren Sie die bestehenden Geschäftsprozesse in Ihrem Unternehmen und identifizieren Sie Bereiche, in denen die Blockchain-Technologie eingesetzt werden könnte. Betrachten Sie Prozesse, bei denen Transparenz, Vertrauen, Sicherheit oder Effizienz verbessert werden können.

Identifizierung von Engpässen:

Identifizieren Sie Engpässe, Reibungspunkte oder Schwachstellen in den aktuellen Geschäftsprozessen, die durch den Einsatz der Blockchain-Technologie behoben werden können. Beachten Sie Bereiche wie langwierige Transaktionsabläufe, Zwischenschritte, die vertrauenswürdige Vermittler erfordern, oder die Notwendigkeit einer umfassenden Datensynchronisierung.

Bewertung des Mehrwerts:

Bewerten Sie den Mehrwert, den die Blockchain-Technologie für die jeweiligen Geschäftsprozesse bietet. Berücksichtigen Sie Faktoren wie verbesserte Effizienz, Kosteneinsparungen, erhöhte Sicherheit, transparente Verifizierbarkeit und neue Geschäftsmöglichkeiten. Stellen Sie sicher, dass der Einsatz der Blockchain-Technologie einen klaren Nutzen für Ihr Unternehmen bringt.

Anpassung der Prozessschritte:

Passen Sie die einzelnen Schritte der Geschäftsprozesse an, um die Vorteile der Blockchain-Technologie zu nutzen. Identifizieren Sie Bereiche, in denen Transaktionen, Datensätze oder Verträge in der Blockchain gespeichert oder verifiziert werden können. Überlegen Sie, wie bestehende Interaktionen und Kommunikationswege zwischen den Teilnehmern durch die Blockchain optimiert oder ersetzt werden können.

Integration von Smart Contracts:

Überlegen Sie, ob die Implementierung von Smart Contracts in Ihren Geschäftsprozessen sinnvoll ist. Smart Contracts sind selbstausführende Verträge, die auf der Blockchain basieren und automatisch ausgeführt werden, sobald vordefinierte Bedingungen erfüllt sind. Sie können die Durchführung von Transaktionen beschleunigen und Vertrauen zwischen den Parteien aufbauen.

Schulung und Change Management:

Stellen Sie sicher, dass Ihre Mitarbeiterinnen und Mitarbeiter über das nötige Wissen und die Fähigkeiten verfügen, um mit den veränderten Geschäftsprozessen umzugehen. Bieten Sie Schulungen an, um sie mit den Grundlagen der Blockchain-Technologie und den angepassten Prozessen vertraut zu machen. Implementieren Sie ein effektives Change-Management, um eine reibungslose Umstellung auf die neuen Prozesse zu gewährleisten.

Test und Iteration:

Führen Sie Tests und Pilotprojekte durch, um die Wirksamkeit der angepassten Geschäftsprozesse zu überprüfen. Identifizieren Sie mögliche Verbesserungen und Iterationsschleifen, um die Prozesse kontinuierlich zu optimieren und an die Bedürfnisse Ihres Unternehmens anzupassen.

Die Anpassung von Geschäftsprozessen an die Blockchain erfordert eine sorgfältige Planung und Umsetzung. Durch die Identifizierung geeigneter Prozesse und die Integration der Blockchain-Technologie können Unternehmen ihre Effizienz steigern, Kosten senken und neue Möglichkeiten für Geschäftswachstum schaffen.

7.2 Automatisierung von Transaktionen und Verträgen

Die Blockchain-Technologie ermöglicht die Automatisierung von Transaktionen und Verträgen im Mittelstand, was zu Effizienzsteigerungen und Kosteneinsparungen führen kann. Hier sind einige Schritte und Überlegungen zur Automatisierung von Transaktionen und Verträgen mittels Blockchain:

Identifizierung geeigneter Transaktionen und Verträge:

Analysieren Sie Ihre bestehenden Transaktionen und Verträge und identifizieren Sie solche, die sich für die Automatisierung eignen. Suchen Sie nach wiederkehrenden, standardisierten oder zeitkritischen Transaktionen, bei denen die Blockchain-Technologie den Prozess beschleunigen und die manuelle Bearbeitung reduzieren kann.

Entwicklung von Smart Contracts:

Erstellen Sie Smart Contracts, die die Bedingungen und Regeln der Transaktionen und Verträge abbilden. Smart Contracts sind selbstausführende Verträge, die auf der Blockchain ausgeführt werden und keine Zwischeninstanzen oder Vermittler erfordern. Definieren Sie die erforderlichen Zustände, Aktionen und Auslöser, um eine automatische Ausführung zu ermöglichen.

Integration von Datenquellen:

Integrieren Sie relevante Datenquellen in die Smart Contracts, um die automatische Ausführung basierend auf Echtzeitdaten zu ermöglichen. Stellen Sie sicher, dass die Datenquellen vertrauenswürdig sind und die erforderlichen Informationen für die Transaktionen liefern können. Dies kann beispielsweise APIs, IoT-Sensoren oder andere Datenfeeds umfassen.

Vertrauenswürdigkeit und Validierung:

Implementieren Sie Mechanismen, um die Vertrauenswürdigkeit der Transaktionen und Verträge sicherzustellen. Verifizieren Sie die Identität der beteiligten Parteien und validieren Sie die Integrität der Daten, bevor die Transaktionen in der Blockchain verankert werden. Nutzen Sie digitale Signaturen oder andere kryptographische Verfahren, um die Sicherheit und Unveränderlichkeit der Transaktionen zu gewährleisten.

Test und Überwachung:

Führen Sie umfangreiche Tests durch, um sicherzustellen, dass die automatisierten Transaktionen und Verträge wie erwartet funktionieren. Überwachen Sie die Leistung und Integrität der Smart Contracts und nehmen Sie bei Bedarf Anpassungen vor. Behalten Sie die Transaktionen im Auge, um potenzielle Probleme oder Abweichungen zu identifizieren und zeitnah zu beheben.

Rechtliche Aspekte und Compliance:

Berücksichtigen Sie rechtliche Aspekte und Compliance-Anforderungen bei der Automatisierung von Transaktionen und Verträgen. Stellen Sie sicher, dass die automatisierten Prozesse den geltenden Gesetzen und Vorschriften entsprechen. Konsultieren Sie bei Bedarf Rechtsberater, um sicherzustellen, dass Ihre Automatisierungslösung rechtskonform ist.

Die Automatisierung von Transaktionen und Verträgen mittels Blockchain kann die Effizienz steigern, Fehler reduzieren und die Abwicklung beschleunigen. Durch die Nutzung von Smart Contracts und die Integration von Datenquellen können Unternehmen zeitaufwändige manuelle Prozesse eliminieren und die Geschäftsergebnisse verbessern.

7.3 Überwindung von Interoperabilitätsproblemen

Bei der Implementierung von Blockchain-Technologien im Mittelstand können Interoperabilitätsprobleme auftreten, insbesondere wenn verschiedene Blockchains oder Netzwerke miteinander interagieren sollen. Hier sind einige Schritte und Überlegungen, um Interoperabilitätsprobleme zu überwinden:

Standards und Protokolle:

Verwenden Sie offene Standards und Protokolle, um die Interoperabilität zwischen verschiedenen Blockchains und Netzwerken zu erleichtern. Standards wie Hyperledger Fabric, Ethereum oder Interledger können die nahtlose Integration und Kommunikation ermöglichen.

Inter-Chain-Kommunikation:

Implementieren Sie Mechanismen für die Kommunikation zwischen verschiedenen Blockchains und Netzwerken. Hierbei können verschiedene Ansätze wie Sidechains, Cross-Chain-Bridges oder Atomic Swaps verwendet werden, um den Austausch von Informationen und Assets zwischen den Blockchains zu ermöglichen.

Middleware-Lösungen:

Nutzen Sie Middleware-Tools oder -Plattformen, die als Vermittler zwischen verschiedenen Blockchains fungieren und die Interoperabilität erleichtern. Diese Lösungen können beispielsweise Interoperabilitätsprotokolle implementieren und den Datenaustausch sowie die Transaktionen zwischen den Blockchains ermöglichen.

Standardisierte Datenformate:

Verwenden Sie standardisierte Datenformate, um den Austausch von Informationen zwischen den Blockchains zu erleichtern. Durch die Verwendung gemeinsamer Datenformate können Informationen nahtlos übertragen und interpretiert werden, unabhängig von der verwendeten Blockchain.

Smart Contracts und Oracles:

Implementieren Sie Smart Contracts und Oracles, um die Interaktion zwischen verschiedenen Blockchains und externen Datenquellen zu ermöglichen. Smart Contracts können als Schnittstelle dienen, um den Zugriff auf externe Daten zu ermöglichen, während Oracles als Verbindung zu externen Systemen fungieren und Informationen in die Blockchain übertragen können.

Test und Validierung:

Führen Sie umfangreiche Tests und Validierungen durch, um sicherzustellen, dass die Interoperabilität zwischen den Blockchains reibungslos funktioniert. Überprüfen Sie, ob die Informationen korrekt übertragen werden und die Transaktionen erfolgreich abgewickelt werden können.

Zusammenarbeit und Konsortien:

Arbeiten Sie mit anderen Unternehmen, Konsortien oder Branchenverbänden zusammen, um gemeinsame Interoperabilitätsstandards und -lösungen zu entwickeln. Durch die Zusammenarbeit können branchenweite Standards geschaffen werden, die die Interoperabilität verbessern und die Integration von Blockchain-Technologien erleichtern.

Die Überwindung von Interoperabilitätsproblemen ist entscheidend, um das volle Potenzial der Blockchain-Technologie auszuschöpfen. Durch die Implementierung von Standards, die Nutzung von Middleware-Lösungen und die Zusammenarbeit mit anderen Akteuren können Unternehmen die Interoperabilität verbessern und nahtlos mit verschiedenen Blockchains interagieren.

Die erfolgreiche Einführung von Blockchain-Technologien im Mittelstand erfordert sorgfältige Planung, Umsetzung und kontinuierliche Optimierung. Hier sind einige Erfolgsfaktoren, die Sie bei der Implementierung von Blockchain-Technologien beachten sollten:

Klare Geschäftsziele:

Definieren Sie klare Geschäftsziele, die Sie mit der Einführung von Blockchain-Technologien erreichen möchten. Identifizieren Sie die spezifischen Vorteile und Mehrwerte, die die Blockchain für Ihr Unternehmen bieten kann, und stellen Sie sicher, dass diese Ziele mit Ihrer Gesamtstrategie und Ihren Unternehmenszielen übereinstimmen.

Gründliche Analyse:

Führen Sie eine gründliche Analyse Ihrer Geschäftsprozesse, bestehenden IT-Infrastruktur und Datenlandschaft durch, um geeignete Einsatzbereiche für die Blockchain zu identifizieren. Bewerten Sie den Nutzen, die Machbarkeit und die Risiken für jeden identifizierten Einsatzbereich, um die Prioritäten und den Umfang der Implementierung festzulegen.

Ganzheitlicher Ansatz:

Betrachten Sie die Blockchain-Technologie als Teil einer ganzheitlichen Digitalisierungsstrategie. Berücksichtigen Sie, wie die Blockchain in Ihre bestehende IT-Infrastruktur, Ihre Prozesse und Ihr Geschäftsmodell integriert werden kann. Stellen Sie sicher, dass die Blockchain nahtlos mit anderen Technologien und Systemen zusammenarbeiten kann.

Kompetenz und Ressourcen:

Stellen Sie sicher, dass Sie über die erforderliche Kompetenz und Ressourcen verfügen, um die Blockchain-Technologie erfolgreich einzuführen. Schulen Sie Ihre Mitarbeiterinnen und Mitarbeiter, bilden Sie interne Expertenteams oder ziehen Sie externe Berater hinzu, um das erforderliche Fachwissen aufzubauen. Achten Sie auch auf die Verfügbarkeit der benötigten Ressourcen wie Zeit, Budget und Technologieinfrastruktur.

Partnerschaften und Ökosystem:

Suchen Sie nach Partnerschaften und Kooperationen, um Ihr Blockchain-Projekt zu unterstützen. Bauen Sie Beziehungen zu Blockchain-Experten, Technologieanbietern und anderen Unternehmen in Ihrer Branche auf, um von deren Erfahrungen und Ressourcen zu profitieren. Die Zusammenarbeit in einem breiteren Blockchain-Ökosystem kann die Akzeptanz und den Erfolg Ihres Projekts verbessern.

Nutzerzentrierter Ansatz:

Berücksichtigen Sie die Bedürfnisse und Anforderungen der Nutzerinnen und Nutzer bei der Gestaltung und Implementierung von Blockchain-Lösungen. Stellen Sie sicher, dass die Benutzerfreundlichkeit, Sicherheit und Datenschutzaspekte in den Vordergrund gestellt werden. Führen Sie regelmäßiges Nutzerfeedback ein und optimieren Sie Ihre Lösung basierend auf den Erkenntnissen.

Sicherheit und Datenschutz:

Legen Sie großen Wert auf Sicherheitsmaßnahmen und Datenschutzbestimmungen bei der Implementierung von Blockchain-Technologien. Identifizieren Sie potenzielle Sicherheitsrisiken und ergreifen Sie geeignete Schutzmaßnahmen, um die Integrität der Daten und Transaktionen zu gewährleisten. Berücksichtigen Sie auch die geltenden Datenschutzvorschriften und implementieren Sie Mechanismen, um die Vertraulichkeit der Daten zu gewährleisten.

Fortlaufende Evaluation und Optimierung:

Überwachen Sie kontinuierlich den Fortschritt, die Leistung und den Nutzen Ihrer Blockchain-Implementierung. Führen Sie regelmäßige Evaluierungen durch, um die Zielerreichung zu bewerten und mögliche Verbesserungen zu identifizieren. Nutzen Sie das Feedback der Nutzerinnen und Nutzer, um Anpassungen vorzunehmen und Ihre Lösung kontinuierlich zu optimieren.

Die Berücksichtigung dieser Erfolgsfaktoren kann Ihnen helfen, die Einführung von Blockchain-Technologien im Mittelstand erfolgreich umzusetzen und die gewünschten Geschäftsvorteile zu erzielen.

8.1 Einbindung von Mitarbeitern und Management

Die Einbindung von Mitarbeitern und Management ist ein entscheidender Erfolgsfaktor für die Einführung von Blockchain-Technologien im Mittelstand. Hier sind einige Schritte, um sicherzustellen, dass Ihre Mitarbeiterinnen und Mitarbeiter sowie das Management aktiv in den Implementierungsprozess eingebunden sind:

Sensibilisierung und Schulung:

Beginnen Sie mit einer umfassenden Sensibilisierungskampagne, um Ihren Mitarbeitenden und dem Management die Vorteile und Potenziale der Blockchain-Technologie zu vermitteln. Erläutern Sie, wie die Technologie ihre Arbeit und das Unternehmen insgesamt beeinflussen kann. Bieten Sie Schulungen und Workshops an, um das Verständnis für die Blockchain zu vertiefen und die erforderlichen Fähigkeiten aufzubauen.

Kommunikation und Transparenz:

Kommunizieren Sie offen und transparent über Ihre Blockchain-Initiative. Informieren Sie regelmäßig über den Fortschritt, die Ziele und den Nutzen der Technologie. Stellen Sie sicher, dass Ihre Mitarbeitenden und das Management die Möglichkeit haben, Fragen zu stellen und Feedback zu geben. Offene Kommunikation fördert das Verständnis und das Engagement der Mitarbeiterinnen und Mitarbeiter.

Identifikation von Blockchain-Champions:

Identifizieren Sie Mitarbeitende, die sich für die Blockchain begeistern und bereit sind, als interne Botschafter und Experten aufzutreten. Diese "Blockchain-Champions" können bei der Schulung anderer Mitarbeiterinnen und Mitarbeiter helfen, als Ansprechpartner für Fragen dienen und die Implementierung aktiv unterstützen. Nutzen Sie ihr Fachwissen und ihre Begeisterung, um die Akzeptanz und das Engagement zu steigern.

Einbindung des Managements:

Sichern Sie die Unterstützung des Managements für die Blockchain-Initiative. Erklären Sie die strategische Bedeutung der Technologie und zeigen Sie auf, wie sie zur Erreichung der Unternehmensziele beiträgt. Schaffen Sie einen klaren Rahmen für Entscheidungsprozesse und stellen Sie sicher, dass das Management die erforderlichen Ressourcen und Unterstützung bereitstellt.

Test- und Pilotphasen:

Starten Sie klein mit Test- und Pilotphasen, um die Funktionalität und den Nutzen der Blockchain-Technologie zu demonstrieren. Bieten Sie Mitarbeitenden die Möglichkeit, an diesen Tests teilzunehmen und Erfahrungen zu sammeln. Diese praktischen Erfahrungen können Ängste und Vorbehalte abbauen und das Vertrauen in die Technologie stärken.

Kontinuierliches Feedback:

Hören Sie auf das Feedback Ihrer Mitarbeitenden und des Managements während des Implementierungsprozesses. Nehmen Sie Anregungen und Bedenken ernst und nutzen Sie dieses Feedback, um Anpassungen vorzunehmen und die Akzeptanz zu erhöhen. Regelmäßige Feedbackschleifen helfen, die Blockchain-Initiative kontinuierlich zu verbessern.

Anerkennung und Belohnung:

Anerkennen und belohnen Sie Mitarbeitende, die sich aktiv an der Einführung der Blockchain beteiligen. Zeigen Sie Wertschätzung für ihre Beiträge und Leistungen. Dies kann in Form von internen Auszeichnungen, Karrieremöglichkeiten oder anderen Anreizen geschehen. Eine angemessene Anerkennung motiviert und fördert das Engagement.

Die Einbindung von Mitarbeitern und Management ist von zentraler Bedeutung, um die Akzeptanz und den Erfolg der Blockchain-Implementierung sicherzustellen. Indem Sie das Bewusstsein schärfen, Schulungen anbieten, offene Kommunikation fördern und das Engagement belohnen, können Sie eine positive Einstellung zur Blockchain-Technologie schaffen und die Bereitschaft zur aktiven Mitarbeit fördern.

8.2 Schulung und Kompetenzaufbau im Unternehmen

Der Aufbau von Blockchain-Kompetenzen im Unternehmen ist ein entscheidender Erfolgsfaktor für die Einführung von Blockchain-Technologien im Mittelstand. Hier sind einige Schritte, um Schulungen und den Kompetenzaufbau in Ihrem Unternehmen zu fördern:

Bedarfsanalyse:

Führen Sie eine Bedarfsanalyse durch, um den Schulungsbedarf im Hinblick auf die Blockchain-Technologie zu ermitteln. Identifizieren Sie die verschiedenen Kompetenzbereiche wie technische Kenntnisse, Konzepte der Blockchain-Technologie, Smart Contract-Entwicklung, Sicherheitsaspekte usw. Analysieren Sie die vorhandenen Fähigkeiten und identifizieren Sie Lücken, um den Schulungsbedarf zu bestimmen.

Schulungsstrategie:

Entwickeln Sie eine Schulungsstrategie, die auf die identifizierten Schulungsbedarfe abgestimmt ist. Berücksichtigen Sie verschiedene Schulungsformate wie interne Schulungen, externe Schulungsanbieter, Online-Kurse, Workshops, Schulungsunterlagen usw. Definieren Sie Schulungsziele, Inhalte und einen Zeitplan, um den Kompetenzaufbau gezielt zu fördern.

Schulungsressourcen:

Stellen Sie sicher, dass ausreichende Ressourcen für Schulungen zur Verfügung stehen. Dazu gehören Budgets für externe Schulungen, Schulungsmaterialien, Lernplattformen und interne Schulungsressourcen. Richten Sie eine Schulungsinfrastruktur ein, die den Mitarbeitenden den Zugang zu Schulungsinhalten und -ressourcen erleichtert.

Interne Schulungen:

Nutzen Sie internes Know-how, um Schulungen anzubieten. Identifizieren Sie Mitarbeiterinnen und Mitarbeiter mit bereits vorhandenen Blockchain-Kenntnissen und Fähigkeiten, die als interne Trainer oder Mentoren fungieren können. Organisieren Sie Schulungen, Workshops oder Lunch-and-Learn-Sitzungen, in denen sie ihr Wissen mit anderen Mitarbeitenden teilen können.

Externe Schulungsanbieter:

Nutzen Sie externe Schulungsanbieter, um spezialisiertes Wissen und Expertise zu vermitteln. Identifizieren Sie renommierte Schulungsanbieter oder Beratungsunternehmen, die Schulungen im Bereich Blockchain anbieten. Externe Schulungen können einen umfassenden Einblick in die Blockchain-Technologie geben und den Kompetenzaufbau unterstützen.

Online-Ressourcen:

Nutzen Sie Online-Ressourcen wie E-Learning-Plattformen, Tutorials, Webinare und Online-Kurse, um Mitarbeitenden den Zugang zu Blockchain-Kenntnissen zu ermöglichen. Es gibt eine Vielzahl von hochwertigen Online-Ressourcen, die sowohl grundlegende als auch fortgeschrittene Themen abdecken. Stellen Sie sicher, dass Mitarbeitende auf diese Ressourcen zugreifen können und motivieren Sie sie, selbstständig zu lernen.

Zertifizierungen:

Berücksichtigen Sie die Möglichkeit von Zertifizierungen im Bereich Blockchain. Zertifizierungen können Mitarbeitenden dabei helfen, ihre Kenntnisse und Fähigkeiten nachzuweisen und ihre Karrieremöglichkeiten zu verbessern. Untersuchen Sie anerkannte Zertifizierungsstellen und fördern Sie Mitarbeitende, diese Zertifizierungen zu erlangen.

Praktische Anwendung:

Fördern Sie den praktischen Einsatz von Blockchain-Kenntnissen und -Fähigkeiten durch Projekte und Fallstudien. Ermutigen Sie Mitarbeitende, das Gelernte in realen Szenarien anzuwenden und eigene Blockchain-Projekte zu initiieren. Dies ermöglicht es ihnen, ihre Fähigkeiten weiterzuentwickeln und gleichzeitig Mehrwert für das Unternehmen zu schaffen.

Durch eine gezielte Schulungs- und Kompetenzaufbaustrategie können Sie sicherstellen, dass Ihre Mitarbeitenden über das erforderliche Wissen und die erforderlichen Fähigkeiten verfügen, um die Blockchain-Technologie effektiv einzusetzen. Der kontinuierliche Kompetenzaufbau unterstützt nicht nur die erfolgreiche Einführung der Technologie, sondern stärkt auch die Innovationskraft und Wettbewerbsfähigkeit Ihres Unternehmens.

8.3 Management von Veränderungsprozessen und Widerstand

Das erfolgreiche Management von Veränderungsprozessen und der Umgang mit Widerständen sind entscheidend für die Einführung von Blockchain-Technologien im Mittelstand. Hier sind einige Schritte, um den Veränderungsprozess zu managen und Widerständen entgegenzuwirken:

Kommunikation und Information:

Kommunizieren Sie offen und transparent über die geplante Einführung von Blockchain-Technologien. Informieren Sie Ihre Mitarbeitenden und das Management über die Gründe für die Veränderung, die Ziele und den Nutzen der Technologie. Stellen Sie sicher, dass alle Beteiligten ausreichend informiert sind und die Möglichkeit haben, Fragen zu stellen und Bedenken zu äußern.

Change-Management-Strategie:

Entwickeln Sie eine Change-Management-Strategie, um den Veränderungsprozess zu steuern und zu begleiten. Definieren Sie klare Ziele, Meilensteine und einen Zeitplan. Identifizieren Sie die betroffenen Stakeholder und entwickeln Sie gezielte Maßnahmen, um sie in den Veränderungsprozess einzubeziehen.

Stakeholder-Einbindung:

Identifizieren Sie die relevanten Stakeholder und involvieren Sie sie frühzeitig in den Veränderungsprozess. Erklären Sie ihnen die Vorteile und Chancen der Blockchain-Technologie für das Unternehmen und ermutigen Sie sie, ihre Perspektiven und Bedenken zu teilen. Einbeziehung und aktive Beteiligung der Stakeholder erhöhen die Akzeptanz und das Engagement für die Veränderung.

Change Agents:

Benennen Sie Change Agents oder Change Champions, die den Veränderungsprozess vorantreiben und unterstützen. Diese Personen sollten über Kenntnisse der Blockchain-Technologie verfügen und als Vorbilder dienen. Sie können anderen Mitarbeitenden bei der Anpassung an die Veränderung helfen und als Ansprechpartner für Fragen und Unterstützung zur Verfügung stehen.

Schulungen und Kompetenzaufbau:

Bieten Sie Schulungen und Möglichkeiten zum Kompetenzaufbau an, um Mitarbeitende auf die Veränderungen vorzubereiten. Vermitteln Sie ihnen das notwendige Wissen und die Fähigkeiten, um die Blockchain-Technologie zu verstehen und einzusetzen. Durch den Aufbau von Kompetenzen können Sie Ängste und Unsicherheiten abbauen und das Vertrauen in die Veränderung stärken.

Widerstandsmanagement:

Erkennen und adressieren Sie Widerstände gegen die Veränderung frühzeitig. Hören Sie auf die Bedenken der Mitarbeitenden und nehmen Sie sie ernst. Analysieren Sie die Gründe für den Widerstand und kommunizieren Sie klar die Vorteile der Veränderung. Entwickeln Sie gemeinsam mit den Betroffenen Lösungsansätze und bieten Sie Unterstützung an.

Erfolge feiern:

Anerkennen und feiern Sie Meilensteine und Erfolge im Veränderungsprozess. Zeigen Sie Wertschätzung für die Anstrengungen und Fortschritte, die erreicht wurden. Dies motiviert Mitarbeitende und stärkt das Vertrauen in die Veränderung.

Kontinuierliches Monitoring und Anpassung:

Überwachen Sie den Veränderungsprozess kontinuierlich und passen Sie ihn bei Bedarf an. Nehmen Sie Feedback auf und nehmen Sie Verbesserungen vor, um sicherzustellen, dass die Veränderung erfolgreich umgesetzt wird.

Durch ein effektives Management von Veränderungsprozessen und den konstruktiven Umgang mit Widerständen können Sie die Akzeptanz und den Erfolg der Einführung von Blockchain-Technologien im Mittelstand fördern.

9.1 Skalierbarkeit und Performance von Blockchain-Netzwerken

Die Skalierbarkeit und Performance von Blockchain-Netzwerken sind wichtige Faktoren für den erfolgreichen Einsatz von Blockchain-Technologien im Mittelstand. Hier sind einige Aspekte, die bei der Bewertung und Verbesserung der Skalierbarkeit und Performance berücksichtigt werden sollten:

Transaktionsdurchsatz:

Überprüfen Sie die Fähigkeit des Blockchain-Netzwerks, eine große Anzahl von Transaktionen pro Sekunde zu verarbeiten. Eine hohe Transaktionsdurchsatzrate ist entscheidend, um den Anforderungen des Mittelstands gerecht zu werden, insbesondere bei geschäftskritischen Anwendungen mit einem hohen Volumen an Transaktionen.

Netzwerkarchitektur:

Untersuchen Sie die Netzwerkarchitektur des Blockchain-Netzwerks. Skalierbare Blockchain-Netzwerke verwenden oft Konzepte wie Sharding, Sidechains oder Layer-2-Lösungen, um die Transaktionskapazität zu erhöhen und die Netzwerkressourcen effizienter zu nutzen.

Konsensmechanismus:

Der gewählte Konsensmechanismus kann sich auf die Skalierbarkeit und Performance auswirken. Einige Konsensmechanismen, wie zum Beispiel Proof-of-Work (PoW), können die Skalierbarkeit begrenzen, während andere Mechanismen wie Proof-of-Stake (PoS) oder Delegated Proof-of-Stake (DPoS) eine höhere Skalierbarkeit ermöglichen können.

Datenstruktur:

Prüfen Sie die verwendete Datenstruktur in der Blockchain. Eine effiziente Datenstruktur kann die Verarbeitungsgeschwindigkeit und den Speicherbedarf optimieren. Beispiele für effiziente Datenstrukturen sind Merkle Trees oder Hashgraph.

Optimierung von Smart

Contracts: Überprüfen Sie die Smart Contracts in Ihrem Blockchain-Netzwerk. Unnötig komplexe oder ineffiziente Smart Contracts können die Performance beeinträchtigen. Optimieren Sie die Smart Contracts, indem Sie redundante Berechnungen eliminieren oder Datenzugriffe reduzieren.

Ressourcenmanagement:

Stellen Sie sicher, dass das Blockchain-Netzwerk ausreichend Ressourcen zur Verfügung hat, um einen reibungslosen Betrieb zu gewährleisten. Dies umfasst die Skalierung von Netzwerk-, Rechen- und Speicherressourcen, um mit steigender Nutzungsintensität umgehen zu können.

Testen und Optimieren:

Führen Sie umfangreiche Tests und Optimierungen durch, um die Skalierbarkeit und Performance des Blockchain-Netzwerks zu verbessern. Identifizieren Sie Engpässe und Flaschenhälse und suchen Sie nach Möglichkeiten, diese zu beseitigen.

Die Skalierbarkeit und Performance von Blockchain-Netzwerken sind kontinuierliche Herausforderungen, da das Netzwerk mit der Zeit wachsen und sich weiterentwickeln muss. Durch eine sorgfältige Evaluierung und regelmäßige Optimierungen können Sie sicherstellen, dass Ihr Blockchain-Netzwerk den Anforderungen des Mittelstands gerecht wird und effizient und performant arbeitet.

9.2 Sicherheit und Vertrauenswürdigkeit von Blockchain-Systemen

Die Sicherheit und Vertrauenswürdigkeit von Blockchain-Systemen sind von entscheidender Bedeutung, um das Vertrauen der Teilnehmer zu gewinnen und sensible Informationen zu schützen. Hier sind einige Aspekte, die bei der Sicherheit und Vertrauenswürdigkeit von Blockchain-Systemen beachtet werden sollten:

Kryptographie:

Blockchain-Systeme basieren auf robusten kryptographischen Verfahren, um die Integrität und Vertraulichkeit der Transaktionen und Daten sicherzustellen. Verwenden Sie bewährte kryptographische Algorithmen und bewahren Sie private Schlüssel sicher auf.

Konsensmechanismus:

Der gewählte Konsensmechanismus beeinflusst die Sicherheit des Blockchain-Systems. Überprüfen Sie die Sicherheitsmerkmale des verwendeten Konsensmechanismus, um Angriffe wie Doppelausgaben, Sybil-Angriffe oder Mehrheitsangriffe abzuwehren.

Identitätsmanagement:

Implementieren Sie ein robustes Identitätsmanagement, um sicherzustellen, dass nur autorisierte Teilnehmer auf das Blockchain-System zugreifen können. Verwenden Sie moderne Authentifizierungsmethoden wie digitale Signaturen oder biometrische Verfahren, um die Identität der Teilnehmer zu verifizieren.

Smart Contract-Sicherheit:

Prüfen Sie die Sicherheit von Smart Contracts, da sie anfällig für Schwachstellen und Exploits sein können. Führen Sie Code-Audits durch, um potenzielle

Sicherheitslücken zu identifizieren, und implementieren Sie Best Practices wie das Prinzip des geringsten Privilegs und regelmäßige Code-Reviews.

Netzwerksicherheit:

Schützen Sie das Blockchain-Netzwerk vor Angriffen, indem Sie geeignete Netzwerk- und Perimetersicherheitsmaßnahmen implementieren. Dazu gehören Firewalls, Intrusion Detection- und Prevention-Systeme sowie regelmäßige Sicherheitsaudits.

Datenschutz:

Berücksichtigen Sie Datenschutzbestimmungen und implementieren Sie Mechanismen, um die Vertraulichkeit von Daten in der Blockchain zu gewährleisten. Verwenden Sie Verschlüsselung, um sensible Informationen zu schützen, und ermöglichen Sie selektiven Zugriff auf bestimmte Daten gemäß den Datenschutzrichtlinien.

Notfallmaßnahmen:

Entwickeln Sie einen Notfallplan für den Umgang mit Sicherheitsvorfällen oder Ausfällen im Blockchain-System. Dies umfasst Maßnahmen wie Datensicherungen, Wiederherstellungspläne und regelmäßige Überprüfung der Systemintegrität.

Audits und Compliance:

Führen Sie regelmäßige Sicherheitsaudits durch, um die Einhaltung von Sicherheitsstandards und regulatorischen Anforderungen sicherzustellen. Identifizieren und beheben Sie potenzielle Schwachstellen und dokumentieren Sie Sicherheitsmaßnahmen und -verfahren.

Die Sicherheit und Vertrauenswürdigkeit von Blockchain-Systemen erfordern eine umfassende und proaktive Herangehensweise. Durch die Implementierung geeigneter Sicherheitsmaßnahmen und den Einsatz bewährter Verfahren können Sie das Risiko von Sicherheitsverletzungen minimieren und das Vertrauen der Teilnehmer in Ihr Blockchain-System stärken.

9.3 Zusammenarbeit mit Partnern und Lieferanten in einem Blockchain-Netzwerk

Die Zusammenarbeit mit Partnern und Lieferanten in einem Blockchain-Netzwerk spielt eine wichtige Rolle, um die Vorteile der Blockchain-Technologie voll auszuschöpfen. Hier sind einige Aspekte, die bei der Zusammenarbeit mit Partnern und Lieferanten in einem Blockchain-Netzwerk zu beachten sind:

Identifizierung geeigneter Partner:

Identifizieren Sie Partner und Lieferanten, die ein Interesse an der Nutzung der Blockchain-Technologie haben und bereit sind, in das Netzwerk einzutreten. Suchen Sie nach Partnern, die Ihre Geschäftsziele und -werte teilen und ein gegenseitiges Vertrauensverhältnis aufbauen können.

Definition gemeinsamer Ziele:

Legen Sie gemeinsame Ziele und Nutzenaspekte fest, die durch die Zusammenarbeit in einem Blockchain-Netzwerk erreicht werden sollen. Dies kann beispielsweise die Effizienzsteigerung von Lieferkettenprozessen, die Reduzierung von Transaktionskosten oder die Verbesserung der Transparenz und Rückverfolgbarkeit umfassen.

Aufbau einer vertrauenswürdigen Infrastruktur:

Schaffen Sie eine vertrauenswürdige Infrastruktur im Blockchain-Netzwerk, die allen Teilnehmern ermöglicht, sicher und transparent zusammenzuarbeiten. Stellen Sie sicher, dass die Zugriffsrechte, Transaktionsvalidierung und Datensicherheit auf angemessene Weise verwaltet werden.

Festlegung von Regeln und Standards:

Definieren Sie gemeinsam mit Ihren Partnern Regeln und Standards für die Zusammenarbeit im Blockchain-Netzwerk. Dies umfasst beispielsweise Datenstandards, Verhaltenskodizes, Vertragsbedingungen und Protokolle für den Austausch von Informationen und Assets.

Festlegung der Rollen und Verantwortlichkeiten:

Klären Sie die Rollen und Verantwortlichkeiten aller beteiligten Parteien im Blockchain-Netzwerk. Legen Sie fest, wer welche Aufgaben übernimmt, wer für die Wartung und Aktualisierung des Netzwerks verantwortlich ist und wie Entscheidungsprozesse gestaltet werden.

Integration von Systemen und Daten:

Stellen Sie sicher, dass die Systeme und Daten Ihrer Partner nahtlos mit dem Blockchain-Netzwerk integriert werden können. Implementieren Sie standardisierte Schnittstellen und Datenformate, um einen reibungslosen Datenaustausch zu ermöglichen.

Kommunikation und Schulung:

Kommunizieren Sie regelmäßig mit Ihren Partnern und Lieferanten über die Fortschritte, Herausforderungen und Vorteile des Blockchain-Netzwerks. Stellen Sie sicher, dass alle Teilnehmer über die Funktionsweise der Blockchain-Technologie informiert sind und geschult werden, um effektiv im Netzwerk zusammenzuarbeiten.

Vertrauensbildung und Konfliktlösung:

Bauen Sie Vertrauen zwischen den Partnern im Blockchain-Netzwerk auf und entwickeln Sie Mechanismen zur Konfliktlösung und Streitbeilegung. Klären Sie Erwartungen, schaffen Sie Transparenz und fördern Sie eine kooperative Zusammenarbeit.

Die Zusammenarbeit mit Partnern und Lieferanten in einem Blockchain-Netzwerk erfordert eine enge Abstimmung und gemeinsame Anstrengungen, um die Vorteile der Technologie zu realisieren. Durch eine klare Kommunikation, klare Regeln und Standards sowie den Aufbau eines vertrauensvollen Umfelds können Sie den Erfolg Ihrer Zusammenarbeit sicherstellen.

10.1 Verfolgbarkeit und Transparenz von Lieferketten

Die Blockchain-Technologie bietet großes Potenzial, um die Verfolgbarkeit und Transparenz von Lieferketten zu verbessern. Hier sind einige Aspekte, die bei der Nutzung von Blockchain-Technologien zur Verfolgbarkeit und Transparenz von Lieferketten zu beachten sind:

Datenintegrität und -verifizierung:

Durch die Verwendung einer Blockchain können Sie sicherstellen, dass Daten in der Lieferkette nicht manipuliert werden. Jede Transaktion wird in einem dezentralen und unveränderlichen Ledger festgehalten, wodurch eine hohe Datenintegrität gewährleistet wird. Partner in der Lieferkette können Transaktionen verifizieren und die Echtheit von Informationen überprüfen.

Rückverfolgbarkeit von Produkten:

Die Blockchain ermöglicht es, den Weg eines Produkts von seiner Entstehung bis zur Auslieferung nachzuverfolgen. Jede Station in der Lieferkette kann Informationen über den Produktionsprozess, die Lagerung, den Transport und andere relevante Ereignisse aufzeichnen. Dadurch können Sie den Ursprung eines Produkts nachvollziehen und die Einhaltung von Qualitätsstandards oder gesetzlichen Vorschriften sicherstellen.

Echtzeit-Transparenz:

Durch die Nutzung einer Blockchain erhalten alle Beteiligten in der Lieferkette Zugriff auf Echtzeitinformationen über den Status von Produkten. Dies ermöglicht eine bessere Planung, Koordination und Entscheidungsfindung. Lieferkettenprozesse können optimiert werden, indem Engpässe oder Verzögerungen frühzeitig erkannt und behoben werden.

Authentifizierung und Zertifizierung:

Mit Hilfe von Blockchain-Technologien können Authentifizierungs- und Zertifizierungsprozesse vereinfacht und verbessert werden. Produktzertifikate, Qualitätsnachweise oder Herkunftsnachweise können in der Blockchain verifiziert und transparent gemacht werden. Dadurch wird das Vertrauen in Produkte gestärkt und Fälschungen können leichter erkannt werden.

Automatisierung von Geschäftsregeln:

Durch die Integration von Smart Contracts in die Lieferkette können Geschäftsregeln automatisiert werden. Dadurch wird die Durchführung von Verträgen und Vereinbarungen effizienter und weniger anfällig für Fehler oder Missverständnisse. Smart Contracts ermöglichen eine automatische Überwachung von Lieferbedingungen, Zahlungsverpflichtungen und anderen Vertragsbedingungen.

Zusammenarbeit in der Lieferkette:

Die Nutzung von Blockchain-Technologien fördert die Zusammenarbeit zwischen den Teilnehmern in der Lieferkette. Durch den gemeinsamen Zugriff auf Informationen und die Möglichkeit, Daten in Echtzeit zu teilen, können Engpässe, Informationsasymmetrien und Ineffizienzen reduziert werden. Dies führt zu einer verbesserten Zusammenarbeit und erhöhten Effizienz.

Die Verfolgbarkeit und Transparenz von Lieferketten sind entscheidende Faktoren für Unternehmen, um die Qualität ihrer Produkte zu gewährleisten, Risiken zu minimieren und das Vertrauen der Verbraucher zu gewinnen. Die Blockchain-Technologie bietet eine innovative Lösung, um diese Ziele zu erreichen und die Lieferkettenprozesse zu optimieren.

10.2 Authentifizierung von Produkten und Bekämpfung von Fälschungen

Die Blockchain-Technologie kann dazu beitragen, die Authentifizierung von Produkten zu verbessern und Fälschungen zu bekämpfen. Hier sind einige Aspekte, die bei der Nutzung von Blockchain-Technologien zur Authentifizierung von Produkten zu beachten sind:

Eindeutige Identifikation:

Jedes Produkt kann in der Blockchain mit einer eindeutigen Identifikationsnummer oder einem QR-Code versehen werden. Dadurch wird sichergestellt, dass jedes Produkt eindeutig identifiziert und nachverfolgt werden kann.

Echtheitsnachweis:

Hersteller können Informationen über die Produktion und den Vertrieb von Produkten in der Blockchain hinterlegen. Diese Informationen können von Kunden und anderen Interessengruppen überprüft werden, um die Echtheit des Produkts zu bestätigen. Dadurch wird das Vertrauen in die Authentizität der Produkte gestärkt.

Lieferkettentransparenz:

Durch die Integration der Lieferkette in die Blockchain können Informationen über den Weg eines Produkts von der Herstellung bis zum Verkauf aufgezeichnet werden. Jeder Schritt in der Lieferkette kann nachvollzogen und überprüft werden, um sicherzustellen, dass keine Fälschungen in den Prozess gelangen.

Verifizierung von Zertifikaten und Dokumenten:

Zertifikate, Lizenzen und andere relevante Dokumente können in der Blockchain gespeichert werden. Diese Dokumente können von autorisierten Stellen ausgestellt und überprüft werden, um ihre Echtheit zu bestätigen. Dadurch wird sichergestellt, dass nur authentische Produkte auf den Markt gelangen.

Verbraucherempowerment:

Durch den Zugang zu Informationen in der Blockchain können Verbraucher selbst überprüfen, ob ein Produkt echt ist oder nicht. Dies ermöglicht es den Verbrauchern, informierte Entscheidungen zu treffen und Fälschungen zu vermeiden.

Echtzeit-Warnungen:

Wenn eine gefälschte Version eines Produkts entdeckt wird, kann dies in Echtzeit in der Blockchain festgehalten und an die relevanten Parteien gemeldet werden. Dies ermöglicht eine schnelle Reaktion und den Schutz der Verbraucher vor gefälschten Produkten.

Zusammenarbeit zwischen Unternehmen und Behörden:

Die Blockchain-Technologie kann eine Grundlage für die Zusammenarbeit zwischen Unternehmen und Behörden bei der Bekämpfung von Fälschungen bieten. Durch den gemeinsamen Zugriff auf Informationen und die Möglichkeit, Daten in Echtzeit zu teilen, können Unternehmen und Behörden effektiv zusammenarbeiten, um Fälschungen zu identifizieren und zu bekämpfen.

Die Authentifizierung von Produkten und die Bekämpfung von Fälschungen sind wichtige Aspekte im heutigen globalen Markt. Durch den Einsatz von Blockchain-Technologien können Unternehmen sicherstellen, dass ihre Produkte echt sind und das Vertrauen der Verbraucher gewinnen.

10.3 Optimierung der Lagerhaltung und Bestandsverwaltung

Die Blockchain-Technologie bietet Möglichkeiten zur Optimierung der Lagerhaltung und Bestandsverwaltung. Hier sind einige Aspekte, die bei der Nutzung von Blockchain-Technologien zur Optimierung der Lagerhaltung und Bestandsverwaltung zu beachten sind:

Echtzeit-Transparenz:

Durch die Nutzung einer Blockchain können alle Beteiligten in der Lieferkette Echtzeitinformationen über den Bestand und den Lagerstandort von Produkten erhalten. Dadurch wird die Transparenz erhöht und Engpässe oder Überbestände können frühzeitig erkannt und behoben werden.

Automatisierung von Prozessen:

Smart Contracts in der Blockchain können die Automatisierung von Bestandsverwaltungsprozessen ermöglichen. Bestellungen, Lieferungen und Lagerbewegungen können automatisch ausgelöst und dokumentiert werden. Dadurch werden menschliche Fehler reduziert und die Effizienz verbessert.

Vertrauenswürdige Daten:

Die Blockchain gewährleistet die Integrität und Sicherheit von Daten in der Lieferkette. Dies ermöglicht es Unternehmen, genaue und vertrauenswürdige Bestandsdaten zu pflegen. Dadurch wird das Risiko von Fehlbeständen oder Datenmanipulationen verringert.

Lieferkettenoptimierung:

Durch die Verknüpfung der Bestandsdaten in der Blockchain mit anderen relevanten Informationen, wie z.B. Produktionskapazitäten, Nachfrageprognosen und Lieferzeiten, können Unternehmen ihre Lieferkettenprozesse optimieren. Engpässe können frühzeitig erkannt und alternative Lieferwege oder -quellen identifiziert werden.

Lieferantenmanagement:

Die Nutzung einer Blockchain ermöglicht eine verbesserte Zusammenarbeit mit Lieferanten. Durch den gemeinsamen Zugriff auf Informationen in der Blockchain können Lieferanten ihren Bestand und ihre Lieferfähigkeit besser planen und koordinieren. Dadurch wird die Lieferketteneffizienz insgesamt gesteigert.

Nachverfolgbarkeit von Produkten:

Die Blockchain ermöglicht es, den Weg eines Produkts von der Herstellung bis zum Verkauf nachzuverfolgen. Durch die Integration von Lieferketteninformationen in die

Blockchain kann der Lagerbestand automatisch aktualisiert werden, wenn Produkte die Lagerhäuser verlassen oder an Kunden geliefert werden. Dadurch wird die Genauigkeit der Bestandsdaten verbessert.

Bestandsfinanzierung:

Die Verwendung von Blockchain-Technologien in der Bestandsverwaltung ermöglicht es Unternehmen, ihren Bestand transparent darzustellen und potenziellen Investoren oder Kreditgebern den Zugriff auf Echtzeitinformationen zu gewähren. Dadurch können Finanzierungsprozesse effizienter gestaltet und die Kapitalbindung im Lagerbestand optimiert werden.

Die Optimierung der Lagerhaltung und Bestandsverwaltung ist für Unternehmen entscheidend, um Kosten zu reduzieren, Engpässe zu vermeiden und die Kundenzufriedenheit zu erhöhen. Durch den Einsatz von Blockchain-Technologien können Unternehmen die Effizienz ihrer Lagerhaltung und Bestandsverwaltung verbessern und wettbewerbsfähiger werden.

11.1 Zahlungsabwicklung und grenzüberschreitende Transaktionen

Die Blockchain-Technologie bietet Möglichkeiten zur Verbesserung der Zahlungsabwicklung und zur Vereinfachung grenzüberschreitender Transaktionen. Hier sind einige Aspekte, die bei der Nutzung von Blockchain-Technologien zur Zahlungsabwicklung und für grenzüberschreitende Transaktionen zu beachten sind:

Schnelle und effiziente Transaktionen:

Die Blockchain ermöglicht die direkte Übertragung von Vermögenswerten ohne Zwischenhändler oder Intermediäre. Dies führt zu schnelleren und kostengünstigeren Transaktionen im Vergleich zu traditionellen Zahlungssystemen.

Reduzierung von Gebühren und Kosten:

Durch den Einsatz von Blockchain-Technologien können Transaktionsgebühren und andere Kosten, die bei traditionellen Zahlungssystemen anfallen, reduziert werden. Dies ermöglicht es Unternehmen, Zahlungen effizienter abzuwickeln und Kosten zu senken.

Sicherheit und Vertrauenswürdigkeit:

Die Blockchain-Technologie bietet ein hohes Maß an Sicherheit und Vertrauenswürdigkeit. Transaktionen werden kryptografisch gesichert und in einem dezentralen Netzwerk von Teilnehmern verifiziert. Dadurch wird das Risiko von Betrug und Manipulation minimiert.

Transparenz und Nachverfolgbarkeit:

Alle Transaktionen in der Blockchain sind transparent und nachverfolgbar. Dies ermöglicht es den Teilnehmern, den Status und den Verlauf von Zahlungen in Echtzeit zu überprüfen. Dadurch wird die Transparenz und das Vertrauen in den Zahlungsprozess gestärkt.

Einfache Integration von Kryptowährungen:

Die Blockchain-Technologie ermöglicht die nahtlose Integration von Kryptowährungen in den Zahlungsprozess. Unternehmen können Kryptowährungen als Zahlungsmittel akzeptieren und so neue Märkte erschließen oder Zahlungen aus verschiedenen Ländern einfacher abwickeln.

Vereinfachung grenzüberschreitender Transaktionen:

Grenzüberschreitende Transaktionen sind oft mit hohen Kosten und zeitaufwändigen Prozessen verbunden. Durch den Einsatz von Blockchain-Technologien können Zahlungen über Landesgrenzen hinweg schneller, kostengünstiger und transparenter abgewickelt werden.

Compliance und regulatorische Anforderungen:

Bei grenzüberschreitenden Transaktionen müssen Unternehmen verschiedene Compliance- und regulatorische Anforderungen erfüllen. Die Blockchain-Technologie kann dabei helfen, diese Anforderungen zu erfüllen, indem alle Transaktionen in der Blockchain verifiziert und nachvollziehbar sind.

11.2 Kredit- und Finanzierungsmöglichkeiten für Unternehmen

Die Blockchain-Technologie eröffnet neue Kredit- und Finanzierungsmöglichkeiten für Unternehmen. Hier sind einige Aspekte, die bei der Nutzung von Blockchain-Technologien für Kredit- und Finanzierungszwecke zu beachten sind:

Tokenisierung von Vermögenswerten:

Unternehmen können Vermögenswerte wie Immobilien, Maschinen oder Rechnungsforderungen tokenisieren und diese Tokens über die Blockchain verkaufen oder als Sicherheiten für Kredite verwenden. Dadurch erhalten Unternehmen Zugang zu liquiden Mitteln und können ihre Vermögenswerte effizienter nutzen.

Smart Contracts für Kreditverträge:

Die Verwendung von Smart Contracts ermöglicht die Automatisierung von Kreditverträgen. Die Bedingungen des Kredits, wie Zinssätze, Laufzeiten und Rückzahlungspläne, können in den Smart Contracts festgelegt werden. Dadurch wird der Prozess der Kreditvergabe vereinfacht und beschleunigt.

Peer-to-Peer-Kredite:

Die Blockchain-Technologie ermöglicht es Unternehmen, direkt mit potenziellen Kreditgebern in Kontakt zu treten und Peer-to-Peer-Kredite abzuschließen. Dadurch können Unternehmen Finanzierungsmöglichkeiten erschließen, die traditionelle Banken umgehen.

Internationale Finanzierungen:

Die Blockchain-Technologie erleichtert grenzüberschreitende Finanzierungen, da sie Transaktionen schnell, sicher und kostengünstig abwickeln kann. Unternehmen können auf diese Weise einfacher an internationale Investoren und Finanzierungsmärkte anknüpfen.

Dezentrale Finanzierung (DeFi):

DeFi-Plattformen nutzen die Blockchain-Technologie, um verschiedene Finanzdienstleistungen anzubieten, wie z.B. Kreditvergabe, Staking, Yield Farming und Liquiditätsbereitstellung. Unternehmen können diese Plattformen nutzen, um Finanzierungsmöglichkeiten zu erkunden und Kapital zu beschaffen.

Crowdfunding:

Die Blockchain-Technologie ermöglicht es Unternehmen, Crowdfunding-Kampagnen durchzuführen und Investoren direkt anzusprechen. Durch die Verwendung von Kryptowährungen können Investoren schnell und einfach an Crowdfunding-Projekten teilnehmen.

Auditing und Transparenz:

Die Verwendung von Blockchain-Technologien ermöglicht eine transparente Darstellung der Finanzdaten eines Unternehmens. Durch die Integration der Buchhaltung in die Blockchain können Unternehmen die Integrität und Nachvollziehbarkeit ihrer Finanzdaten gewährleisten. Dadurch wird das Vertrauen potenzieller Kreditgeber und Investoren gestärkt.

Die Blockchain-Technologie eröffnet neue Möglichkeiten für Unternehmen, Finanzierungsmittel zu beschaffen und Kreditverträge effizienter abzuwickeln. Durch den Einsatz von Smart Contracts, Tokenisierung und Peer-to-Peer-Krediten können Unternehmen auf alternative Finanzierungsquellen zugreifen und ihre Abhängigkeit von traditionellen Banken verringern.

11.3 Automatisierung von Buchhaltungs- und Abrechnungsprozessen

Die Blockchain-Technologie bietet Möglichkeiten zur Automatisierung von Buchhaltungs- und Abrechnungsprozessen in Unternehmen. Hier sind einige

Aspekte, die bei der Nutzung von Blockchain-Technologien zur Automatisierung von Buchhaltungs- und Abrechnungsprozessen zu beachten sind:

Dezentrale und transparente Buchführung:

Durch die Verwendung von Blockchain-Technologien können Buchhaltungsdaten in einer dezentralen und transparenten Art und Weise gespeichert werden. Transaktionen werden in Echtzeit aufgezeichnet und können von autorisierten Personen in Echtzeit überprüft werden. Dies erhöht die Genauigkeit und Transparenz der Buchführung.

Smart Contracts für automatisierte Zahlungen:

Smart Contracts ermöglichen die automatische Ausführung von Zahlungen basierend auf vordefinierten Bedingungen. Zum Beispiel können Lieferantenzahlungen automatisch freigegeben werden, wenn bestimmte Lieferungsbedingungen erfüllt sind. Dies reduziert den manuellen Aufwand und minimiert das Risiko von Fehlern.

Vertrauenswürdige Abrechnungen mit Partnern:

Die Blockchain ermöglicht die Erstellung von vertrauenswürdigen Abrechnungen mit Partnern oder Kunden. Transaktionen und Zahlungen können in der Blockchain verifiziert werden, was zu einer verbesserten Genauigkeit und Vertrauenswürdigkeit der Abrechnungen führt.

Automatisierte Rechnungsstellung und Überprüfung:

Die Blockchain-Technologie kann bei der automatisierten Rechnungsstellung und Überprüfung helfen. Unternehmen können Rechnungen in der Blockchain erstellen und den Status der Zahlungen in Echtzeit verfolgen. Dadurch können Rechnungsprozesse effizienter gestaltet werden.

Minimierung von Betrug und Fehlern:

Die Blockchain-Technologie ermöglicht eine erhöhte Sicherheit und Integrität der Buchhaltungsdaten. Durch die dezentrale Speicherung und kryptografische Verifizierung wird das Risiko von Betrug und Fehlern minimiert. Dies führt zu einer verlässlicheren und genaueren Buchführung.

Effizientere Prüfungsprozesse:

Die Blockchain-Technologie kann bei der Durchführung von Prüfungen unterstützen, da alle relevanten Transaktionsdaten in der Blockchain gespeichert sind. Prüfer können auf diese Daten zugreifen und die Integrität der Buchhaltung überprüfen, ohne auf umfangreiche manuelle Dokumentation angewiesen zu sein.

Kosten- und Zeitersparnis:

Durch die Automatisierung von Buchhaltungs- und Abrechnungsprozessen können Unternehmen Kosten und Zeit sparen. Manuelle Aufgaben werden reduziert, wodurch Ressourcen effizienter genutzt werden können.

Die Automatisierung von Buchhaltungs- und Abrechnungsprozessen mit Hilfe der Blockchain-Technologie bietet Unternehmen die Möglichkeit, effizientere und vertrauenswürdigere Prozesse zu implementieren. Durch die Verwendung von Smart Contracts, dezentraler Buchführung und automatisierten Zahlungen können Unternehmen ihre Buchhaltungsgenauigkeit verbessern und Zeit- sowie Kostenersparnisse erzielen.

12.1 Smart Contracts und automatisierte Vertragsabwicklung

Die Nutzung von Smart Contracts ermöglicht eine automatisierte Vertragsabwicklung auf Basis der Blockchain-Technologie. Hier sind einige Aspekte, die bei der Implementierung von Smart Contracts und der automatisierten Vertragsabwicklung zu beachten sind:

Definition von Vertragsbedingungen:

Unternehmen müssen die Vertragsbedingungen klar definieren und in den Smart Contract programmieren. Dies umfasst alle relevanten Informationen wie Vertragsparteien, Leistungen, Zahlungsbedingungen und Vertragslaufzeit.

Vertragsautomatisierung:

Smart Contracts ermöglichen die automatische Ausführung von Vertragsbedingungen. Sobald die vordefinierten Bedingungen erfüllt sind, wird der Smart Contract automatisch ausgeführt, z.B. durch die Freigabe von Zahlungen oder die Übertragung von Vermögenswerten.

Vertrauenswürdige und transparente Vertragsabwicklung:

Die Blockchain-Technologie ermöglicht eine transparente und vertrauenswürdige Vertragsabwicklung. Alle Vertragsbedingungen und Transaktionen werden in der Blockchain gespeichert und können von allen relevanten Parteien überprüft werden. Dadurch wird das Vertrauen zwischen den Vertragsparteien gestärkt und das Risiko von Betrug oder Fehlinterpretationen reduziert.

Automatisierte Überwachung und Durchsetzung von Verträgen:

Smart Contracts ermöglichen die automatisierte Überwachung und Durchsetzung von Vertragsbedingungen. Zum Beispiel können Fristen oder Qualitätsstandards automatisch überwacht werden, und bei Verletzung der Bedingungen können automatische Sanktionen oder Eskalationsmaßnahmen ausgelöst werden.

Reduzierung von Zwischenhändlern:

Durch die Nutzung von Smart Contracts können Unternehmen Zwischenhändler oder Vermittler eliminieren, da die Vertragsabwicklung direkt zwischen den Vertragsparteien erfolgt. Dies kann Kosten senken und die Effizienz der Vertragsabwicklung verbessern.

Rechtliche Aspekte:

Bei der Nutzung von Smart Contracts ist es wichtig, die rechtlichen Aspekte zu beachten. Die rechtliche Wirksamkeit von Smart Contracts kann je nach Gerichtsbarkeit variieren, und es ist ratsam, rechtliche Beratung einzuholen, um sicherzustellen, dass die Smart Contracts den rechtlichen Anforderungen entsprechen.

Skalierbarkeit und Flexibilität:

Die Skalierbarkeit von Smart Contracts und die Flexibilität bei der Anpassung von Vertragsbedingungen sollten berücksichtigt werden. Die Blockchain-Plattform und das verwendete Protokoll sollten in der Lage sein, eine ausreichende Anzahl von Transaktionen zu verarbeiten und die Flexibilität bieten, Vertragsbedingungen bei Bedarf anzupassen.

Die Verwendung von Smart Contracts und die automatisierte Vertragsabwicklung bieten Unternehmen die Möglichkeit, Verträge effizienter, transparenter und vertrauenswürdiger abzuwickeln. Durch die Automatisierung von Vertragsbedingungen und die Eliminierung von Zwischenhändlern können

Unternehmen Zeit und Kosten sparen. Es ist jedoch wichtig, die rechtlichen Aspekte zu berücksichtigen und die Skalierbarkeit sowie Flexibilität der verwendeten Blockchain-Plattform zu evaluieren.

12.2 Vertrauenswürdige und transparente Vertragsverhandlungen

Die Blockchain-Technologie bietet Unternehmen die Möglichkeit, vertrauenswürdige und transparente Vertragsverhandlungen zu führen. Hier sind einige Aspekte, die bei der Nutzung von Blockchain-Technologien für vertrauenswürdige und transparente Vertragsverhandlungen zu beachten sind:

Verifizierbarkeit von Informationen:

Durch die Nutzung der Blockchain können Unternehmen die Verifizierbarkeit von Informationen während der Vertragsverhandlungen gewährleisten. Alle relevanten Informationen, wie beispielsweise Unternehmensdaten oder Produktspezifikationen, können in der Blockchain gespeichert werden und sind für alle Vertragsparteien transparent einsehbar.

Integrität und Unveränderlichkeit der Vertragsbedingungen:

Vertragsbedingungen können in der Blockchain festgelegt und gespeichert werden, wodurch ihre Integrität und Unveränderlichkeit gewährleistet wird. Dies schützt vor nachträglichen Änderungen oder Manipulationen der Vertragsbedingungen und erhöht das Vertrauen zwischen den Vertragsparteien.

Mehrparteienverhandlungen und Abstimmungen:

Blockchain-Technologien ermöglichen mehrparteiliche Verhandlungen und Abstimmungen in einem transparenten und vertrauenswürdigen Umfeld. Alle beteiligten Parteien haben Zugriff auf dieselben Informationen und können auf Grundlage dieser Informationen Entscheidungen treffen und Vertragsbedingungen aushandeln.

Smart Contracts für automatisierte Verhandlungen:

Smart Contracts können verwendet werden, um Verhandlungen zu automatisieren und die Aushandlung von Vertragsbedingungen zu erleichtern. Vertragsbedingungen können vorab programmiert werden, und die Smart Contracts führen automatisch Verhandlungen basierend auf vordefinierten Regeln und Bedingungen durch.

Effiziente Vertragsverhandlungen:

Durch die Nutzung von Blockchain-Technologien können Vertragsverhandlungen effizienter gestaltet werden. Informationen können in Echtzeit ausgetauscht und auf Konsistenz überprüft werden. Dies beschleunigt den Verhandlungsprozess und reduziert die Notwendigkeit für manuelle Überprüfungen und Abstimmungen.

Nachvollziehbarkeit von Verhandlungsschritten:

Die Blockchain ermöglicht eine nachvollziehbare Aufzeichnung der Verhandlungsschritte. Alle Änderungen oder Ergänzungen der Vertragsbedingungen werden in der Blockchain festgehalten, was die Transparenz und Rückverfolgbarkeit während der Verhandlungen gewährleistet.

Vertrauensbildung und Risikominderung:

Durch die Verwendung von Blockchain-Technologien für Vertragsverhandlungen wird das Vertrauen zwischen den Vertragsparteien gestärkt. Die Transparenz und Unveränderlichkeit der Informationen reduzieren das Risiko von Missverständnissen oder betrügerischen Handlungen während der Verhandlungen.

Die Nutzung von Blockchain-Technologien für vertrauenswürdige und transparente Vertragsverhandlungen bietet Unternehmen die Möglichkeit, effizientere und sicherere Vertragsabschlüsse zu erzielen. Durch die Verifizierbarkeit von Informationen, die Integrität der Vertragsbedingungen und die Möglichkeit der Automatisierung von Verhandlungen können Unternehmen Zeit und Ressourcen sparen und das Vertrauen zwischen den Vertragsparteien stärken.

12.3 Nachverfolgung von Vertragsänderungen und -bedingungen

Die Blockchain-Technologie ermöglicht eine transparente und zuverlässige Nachverfolgung von Vertragsänderungen und -bedingungen. Hier sind einige Aspekte, die bei der Nutzung von Blockchain-Technologien zur Nachverfolgung von Vertragsänderungen und -bedingungen zu beachten sind:

Veränderungshistorie:

Die Blockchain speichert jede Änderung oder Ergänzung von Vertragsbedingungen in Form von Transaktionen. Dadurch entsteht eine unveränderliche Veränderungshistorie, die von allen beteiligten Parteien eingesehen werden kann. Jede Transaktion wird mit einem Zeitstempel versehen, was die Nachverfolgung von Vertragsänderungen erleichtert.

Konsensmechanismus:

Blockchain-Netzwerke nutzen Konsensmechanismen, um sicherzustellen, dass alle beteiligten Parteien einer Vertragsänderung zustimmen. Dadurch wird sichergestellt, dass Änderungen nur mit Zustimmung aller relevanten Parteien vorgenommen werden können. Dies trägt zur Vertrauensbildung und -sicherung bei.

Transparenz und Zugriffsrechte:

Blockchain-Netzwerke können unterschiedliche Zugriffsrechte für die Nachverfolgung von Vertragsänderungen bieten. Zum Beispiel können bestimmte Parteien nur Lesezugriff haben, während andere Parteien berechtigt sind, Änderungen vorzunehmen. Dies gewährleistet eine transparente und dennoch kontrollierte Verfolgung von Vertragsänderungen.

Automatisierte Benachrichtigungen:

Durch die Programmierung von Smart Contracts können automatisierte Benachrichtigungen bei Vertragsänderungen eingerichtet werden. Wenn eine Vertragsänderung vorgenommen wird, können alle relevanten Parteien automatisch benachrichtigt werden, um sicherzustellen, dass sie über die Änderungen informiert sind.

Prüfbarkeit von Vertragsbedingungen:

Die Blockchain ermöglicht eine einfache Prüfbarkeit von Vertragsbedingungen. Alle beteiligten Parteien können die aktuellen Vertragsbedingungen in Echtzeit einsehen und überprüfen. Dadurch wird die Transparenz und Genauigkeit der Vertragsbedingungen gewährleistet.

Revisionssicherheit:

Da die Blockchain unveränderlich ist, bietet sie eine hohe Revisionssicherheit. Alle Vertragsänderungen werden protokolliert und können nicht rückgängig gemacht oder manipuliert werden. Dies erleichtert die Überprüfung von Vertragsänderungen und dient als Beweis für die Einhaltung von Vertragsbedingungen.

Rechtsverbindlichkeit:

Die Rechtsverbindlichkeit von Vertragsänderungen in der Blockchain kann je nach Gerichtsbarkeit variieren. Es ist ratsam, rechtliche Beratung einzuholen, um sicherzustellen, dass Vertragsänderungen in Übereinstimmung mit den geltenden rechtlichen Bestimmungen stehen.

Durch die Nutzung von Blockchain-Technologien zur Nachverfolgung von Vertragsänderungen und -bedingungen können Unternehmen die Transparenz, Genauigkeit und Sicherheit ihrer Vertragsabschlüsse erhöhen. Dies ermöglicht eine effiziente Vertragsverwaltung und verringert das Risiko von Missverständnissen oder nachträglichen Änderungen.

13.1 Selbstverwaltung und Schutz von persönlichen Daten

Die Blockchain-Technologie bietet Möglichkeiten zur Selbstverwaltung und zum Schutz persönlicher Daten. Hier sind einige Aspekte, die bei der Nutzung von Blockchain-Technologien zur Selbstverwaltung und zum Schutz persönlicher Daten zu beachten sind:

Dezentrale Datenhaltung:

In einem Blockchain-Netzwerk werden Daten dezentral auf verschiedenen Knoten gespeichert. Jeder Benutzer hat die Kontrolle über seine eigenen Daten und kann entscheiden, welche Informationen freigegeben werden sollen und welche nicht. Dies ermöglicht eine stärkere Selbstverwaltung und Kontrolle über persönliche Daten.

Kryptographische Sicherheit:

Die Blockchain verwendet fortschrittliche kryptographische Verfahren, um die Sicherheit der gespeicherten Daten zu gewährleisten. Persönliche Daten können verschlüsselt und nur mit den entsprechenden Schlüsseln entschlüsselt werden. Dadurch wird der Schutz persönlicher Daten erhöht.

Einvernehmlichkeit und Transparenz:

Änderungen an persönlichen Daten in der Blockchain erfordern in der Regel die Zustimmung der betroffenen Person. Dadurch wird gewährleistet, dass nur autorisierte Änderungen vorgenommen werden können. Die Transparenz der Blockchain ermöglicht es den Benutzern, die Verwendung und den Zugriff auf ihre persönlichen Daten nachzuvollziehen.

Identitätsmanagement:

Blockchain-Technologien können bei der Verwaltung von Identitätsdaten hilfreich sein. Durch die Verwendung von digitalen Signaturen und Identitätsnachweisen können Benutzer ihre Identität nachweisen, ohne sensible persönliche Daten preiszugeben. Dies reduziert das Risiko von Identitätsdiebstahl und Missbrauch persönlicher Daten.

Smart Contracts für Datenschutzregeln:

Smart Contracts können verwendet werden, um Datenschutzregeln und -vorschriften automatisch durchzusetzen. Zum Beispiel können bestimmte Daten nur für autorisierte Parteien zugänglich sein oder automatisch nach Ablauf einer bestimmten Frist gelöscht werden. Dies stellt sicher, dass persönliche Daten gemäß den Datenschutzbestimmungen verwaltet werden.

Vertrauenswürdige Datenquellen:

Durch die Verwendung von Blockchain-Technologien können vertrauenswürdige Datenquellen etabliert werden. Dies ermöglicht es Benutzern, sicherzustellen, dass die von ihnen genutzten Daten von vertrauenswürdigen Quellen stammen und nicht manipuliert wurden. Dies erhöht das Vertrauen in die Genauigkeit und Integrität persönlicher Daten.

Einhaltung von Datenschutzbestimmungen:

Bei der Verwendung von Blockchain-Technologien zur Selbstverwaltung und zum Schutz persönlicher Daten ist es wichtig, die geltenden Datenschutzbestimmungen zu berücksichtigen. Unternehmen sollten sicherstellen, dass ihre Datenschutzmaßnahmen den rechtlichen Anforderungen entsprechen und den Schutz der Privatsphäre gewährleisten.

Durch die Nutzung von Blockchain-Technologien zur Selbstverwaltung und zum Schutz persönlicher Daten können Benutzer die Kontrolle über ihre eigenen

Informationen behalten und gleichzeitig die Sicherheit und Vertraulichkeit ihrer Daten verbessern.

13.2 Authentifizierung und Zugriffskontrolle in digitalen Systemen

Die Blockchain-Technologie bietet Möglichkeiten zur sicheren Authentifizierung und Zugriffskontrolle in digitalen Systemen. Hier sind einige Aspekte, die bei der Nutzung von Blockchain-Technologien zur Authentifizierung und Zugriffskontrolle zu beachten sind:

Dezentrale Identitätsverwaltung:

Die Blockchain ermöglicht die dezentrale Verwaltung von Identitätsdaten. Benutzer können ihre Identität über digitale Signaturen und Identitätsnachweise nachweisen, ohne sich auf eine zentrale Identitätsinstanz verlassen zu müssen. Dies erhöht die Sicherheit und Privatsphäre bei der Authentifizierung.

Digitale Signaturen:

Blockchain-Transaktionen können mit digitalen Signaturen versehen werden, um die Authentizität der Transaktionen zu gewährleisten. Digitale Signaturen werden mit privaten Schlüsseln erstellt und können mit den entsprechenden öffentlichen Schlüsseln überprüft werden. Dadurch wird sichergestellt, dass nur autorisierte Benutzer Transaktionen durchführen können.

Smart Contracts für Zugriffskontrolle:

Smart Contracts können verwendet werden, um Zugriffskontrollregeln festzulegen und durchzusetzen. Zum Beispiel können bestimmte Informationen nur für autorisierte Parteien zugänglich sein, und Smart Contracts können den Zugriff automatisch überprüfen und steuern. Dadurch wird sichergestellt, dass nur berechtigte Benutzer auf bestimmte Daten oder Funktionen zugreifen können.

Konsensmechanismen für Authentifizierung:

In einem Blockchain-Netzwerk erfolgt die Authentifizierung und Zugriffskontrolle durch Konsensmechanismen. Die Teilnehmer des Netzwerks müssen die Identität eines Benutzers bestätigen, bevor ihm Zugriff gewährt wird. Dies kann durch Abstimmung, Überprüfung oder andere Konsensmechanismen erfolgen, um sicherzustellen, dass nur vertrauenswürdige Benutzer Zugriff erhalten.

Multi-Faktor-Authentifizierung:

Die Blockchain-Technologie ermöglicht die Implementierung von Multi-Faktor-Authentifizierung (MFA). Benutzer können mehrere Authentifizierungsfaktoren verwenden, wie z.B. Passwörter, biometrische Daten oder Hardware-Token, um ihre Identität nachzuweisen. Dies erhöht die Sicherheit und erschwert unbefugten Zugriff auf digitale Systeme.

Verifizierbarkeit von Transaktionen:

Alle Transaktionen in der Blockchain sind verifizierbar und nachvollziehbar. Dies ermöglicht eine effektive Überwachung und Überprüfung von Transaktionen, um unbefugte Zugriffe oder verdächtige Aktivitäten zu erkennen.

Einhaltung von Datenschutzbestimmungen:

Bei der Implementierung von Authentifizierung und Zugriffskontrolle mit Blockchain-Technologien ist es wichtig, die geltenden Datenschutzbestimmungen zu beachten. Unternehmen müssen sicherstellen, dass personenbezogene Daten angemessen geschützt und nur für autorisierte Zwecke verwendet werden.

Durch die Nutzung von Blockchain-Technologien zur Authentifizierung und Zugriffskontrolle können digitale Systeme sicherer gemacht werden. Die dezentrale Natur der Blockchain und die Möglichkeit der Implementierung von Smart Contracts bieten neue Ansätze für die Gewährleistung der Identität und des sicheren Zugriffs auf digitale Ressourcen.

13.3 Verifizierung von Qualifikationen und Zertifizierungen

Die Blockchain-Technologie bietet Möglichkeiten zur sicheren Verifizierung von Qualifikationen und Zertifizierungen. Hier sind einige Aspekte, die bei der Nutzung von Blockchain-Technologien zur Verifizierung von Qualifikationen und Zertifizierungen zu beachten sind:

Dezentrale und unveränderliche Aufzeichnungen:

In einer Blockchain werden Qualifikationen und Zertifizierungen in dezentralen und unveränderlichen Aufzeichnungen gespeichert. Dadurch wird sichergestellt, dass die Informationen über Qualifikationen und Zertifizierungen nicht manipuliert werden können.

Digitale Zertifikate:

Qualifikationen und Zertifizierungen können als digitale Zertifikate auf der Blockchain gespeichert werden. Diese Zertifikate enthalten Informationen wie den Namen des Inhabers, den ausstellenden Körper, das Ausstellungsdatum und andere relevante Daten. Die Zertifikate können mit digitalen Signaturen versehen werden, um ihre Echtheit und Integrität zu gewährleisten.

Einfache Überprüfung:

Durch die Verwendung von Blockchain-Technologien können Qualifikationen und Zertifizierungen einfach überprüft werden. Jeder, der Zugriff auf die Blockchain hat, kann die Informationen überprüfen und die Gültigkeit einer Qualifikation oder Zertifizierung feststellen. Dies erleichtert die Überprüfung von Bewerbungen, Einstellungen und anderen Situationen, in denen die Qualifikationen einer Person wichtig sind.

Datenschutz und Privatsphäre:

Bei der Verifizierung von Qualifikationen und Zertifizierungen ist es wichtig, Datenschutz- und Privatsphäre-Aspekte zu berücksichtigen. Blockchain-Technologien ermöglichen es, sensible persönliche Daten zu schützen und nur die relevanten Informationen zur Überprüfung preiszugeben. Dies stellt sicher, dass die Privatsphäre der Personen gewahrt bleibt.

Automatisierung und Effizienz:

Die Verwendung von Blockchain-Technologien zur Verifizierung von Qualifikationen und Zertifizierungen ermöglicht eine automatisierte und effiziente Überprüfung. Anstatt manuell nach Informationen zu suchen und diese zu überprüfen, können die Daten auf der Blockchain abgerufen werden, was Zeit und Aufwand spart.

Fälschungssicherheit:

Durch die Verwendung von Blockchain-Technologien wird die Fälschung von Qualifikationen und Zertifizierungen erschwert. Da die Daten unveränderlich in der Blockchain gespeichert sind und durch kryptographische Mechanismen geschützt werden, ist es schwieriger, gefälschte Zertifikate zu erstellen oder vorhandene Zertifikate zu manipulieren.

Interoperabilität:

Blockchain-Technologien ermöglichen die Interoperabilität zwischen verschiedenen Systemen und Organisationen. Dies erleichtert den Austausch von Qualifikations- und Zertifizierungsdaten zwischen verschiedenen Parteien und erhöht die Genauigkeit und Zuverlässigkeit der Informationen.

Durch die Nutzung von Blockchain-Technologien zur Verifizierung von Qualifikationen und Zertifizierungen können Unternehmen, Bildungseinrichtungen und andere Organisationen die Genauigkeit und Transparenz von Qualifikationsnachweisen verbessern und die Effizienz der Überprüfungsprozesse steigern.

14.1 Sichere und vertrauenswürdige Datenübertragung und -speicherung

Die Blockchain-Technologie bietet Möglichkeiten zur sicheren und vertrauenswürdigen Datenübertragung und -speicherung. Hier sind einige Aspekte, die bei der Nutzung von Blockchain-Technologien für die Sicherheit und Vertrauenswürdigkeit von Datenübertragung und -speicherung zu beachten sind:

Verschlüsselung von Daten:

Durch die Nutzung von Verschlüsselungstechniken können Daten vor unbefugtem Zugriff geschützt werden. Blockchain-Netzwerke bieten die Möglichkeit, Daten vor der Übertragung zu verschlüsseln und sicher zu speichern. Dadurch wird sichergestellt, dass nur autorisierte Benutzer Zugriff auf die Daten haben.

Verifizierbarkeit von Datenintegrität:

In einem Blockchain-Netzwerk werden Daten in Blöcken gespeichert und über verschiedene Knoten im Netzwerk verifiziert. Dadurch wird sichergestellt, dass die Integrität der Daten gewahrt bleibt und keine nachträglichen Änderungen vorgenommen werden können, ohne dass dies erkannt wird. Die Verifizierung der Datenintegrität erfolgt über kryptographische Mechanismen.

Dezentrale Datenhaltung:

In einem Blockchain-Netzwerk wird die Datenhaltung auf verschiedene Teilnehmer im Netzwerk verteilt. Dadurch wird das Risiko einer zentralen Datenbank minimiert, die anfällig für Angriffe oder Ausfälle sein kann. Durch die dezentrale Datenhaltung wird auch die Verfügbarkeit der Daten verbessert.

Konsensmechanismen für Datenübertragung:

In einem Blockchain-Netzwerk werden Datenübertragungen durch Konsensmechanismen validiert. Die Teilnehmer im Netzwerk müssen sich einigen, dass die Daten korrekt und gültig sind, bevor sie in den Blockchain veröffentlicht werden. Dies erhöht die Vertrauenswürdigkeit der übertragenen Daten.

Auditierbarkeit von Daten:

Da alle Transaktionen in einem Blockchain-Netzwerk aufgezeichnet werden, ist es möglich, eine umfassende Auditierung der Daten durchzuführen. Dies ermöglicht es Unternehmen, den Nachweis der Datenherkunft und -integrität zu erbringen und Compliance-Anforderungen zu erfüllen.

Schutz vor Datenverlust:

Durch die Verteilung der Daten auf verschiedene Teilnehmer im Netzwerk wird das Risiko eines Datenverlusts minimiert. Selbst wenn einige Teilnehmer ausfallen oder die Daten beschädigt werden, bleiben die Daten in anderen Knoten im Netzwerk verfügbar.

Einhaltung von Datenschutzbestimmungen:

Bei der Nutzung von Blockchain-Technologien für die Datenübertragung und -speicherung ist es wichtig, die geltenden Datenschutzbestimmungen zu beachten. Unternehmen müssen sicherstellen, dass personenbezogene Daten angemessen geschützt und nur für autorisierte Zwecke verwendet werden.

Durch die Nutzung von Blockchain-Technologien können Unternehmen eine sichere und vertrauenswürdige Datenübertragung und -speicherung gewährleisten, was zu erhöhter Datensicherheit, Transparenz und Vertrauen führt.

14.2 Automatisierung von IoT-Geräten und -Netzwerken

Die Blockchain-Technologie bietet Möglichkeiten zur Automatisierung von IoT-Geräten und -Netzwerken. Hier sind einige Aspekte, die bei der Nutzung von Blockchain-Technologien zur Automatisierung von IoT-Geräten und -Netzwerken zu beachten sind:

Dezentrale Automatisierung:

Durch die Nutzung von Blockchain-Technologien können IoT-Geräte und -Netzwerke autonom agieren, ohne auf zentrale Steuerungssysteme angewiesen zu sein. Die Blockchain ermöglicht die Implementierung von Smart Contracts, die automatisch ausgeführt werden, wenn bestimmte vordefinierte Bedingungen erfüllt sind. Dadurch können IoT-Geräte miteinander interagieren und Transaktionen oder Aktionen ohne menschliche Intervention durchführen.

Transparenz und Vertrauenswürdigkeit:

Durch die Verwendung von Blockchain-Technologien wird Transparenz und Vertrauenswürdigkeit in IoT-Geräten und -Netzwerken erreicht. Alle Transaktionen und Interaktionen werden aufgezeichnet und in der Blockchain gespeichert, was eine transparente und nachvollziehbare Historie ermöglicht. Dadurch wird das Vertrauen zwischen den Teilnehmern im Netzwerk gestärkt.

Sicherheit und Datenschutz:

Blockchain-Technologien bieten ein hohes Maß an Sicherheit und Datenschutz für IoT-Geräte und -Netzwerke. Durch die Verwendung von kryptographischen Mechanismen und dezentraler Datenhaltung werden Daten vor unbefugtem Zugriff geschützt. Smart Contracts sorgen dafür, dass nur autorisierte Parteien auf die Daten zugreifen können und dass Transaktionen sicher und vertrauenswürdig abgewickelt werden.

Skalierbarkeit und Effizienz:

Die Blockchain-Technologie ermöglicht eine skalierbare und effiziente Automatisierung von IoT-Geräten und -Netzwerken. Durch die dezentrale Natur der Blockchain können mehrere Geräte parallel arbeiten und Transaktionen in Echtzeit abwickeln. Dadurch wird die Effizienz der IoT-Netzwerke verbessert und die Skalierbarkeit für eine größere Anzahl von Geräten gewährleistet.

Interoperabilität:

Blockchain-Technologien ermöglichen die Interoperabilität zwischen verschiedenen IoT-Geräten und -Netzwerken. Die dezentrale Natur der Blockchain erlaubt es, Geräte verschiedener Hersteller miteinander zu verbinden und nahtlos miteinander zu interagieren. Dadurch können IoT-Ökosysteme geschaffen werden, in denen verschiedene Geräte und Plattformen zusammenarbeiten können.

Reduzierung von Vermittlungsstellen:

Durch die Nutzung von Blockchain-Technologien können Vermittlungsstellen und Intermediäre in IoT-Netzwerken reduziert oder sogar eliminiert werden. Die direkte Interaktion zwischen den IoT-Geräten und die automatische Ausführung von Smart Contracts ermöglichen effizientere und kostengünstigere Prozesse.

Die Automatisierung von IoT-Geräten und -Netzwerken durch Blockchain-Technologien ermöglicht innovative Anwendungen und Geschäftsmodelle. Sie verbessert die Effizienz, Sicherheit und Vertrauenswürdigkeit von IoT-Systemen und schafft neue Möglichkeiten für vernetzte Geräte und Dienstleistungen.

14.3 Ermöglichen von Peer-to-Peer-Transaktionen zwischen IoT-Geräten

Die Blockchain-Technologie ermöglicht es, Peer-to-Peer-Transaktionen zwischen IoT-Geräten zu erleichtern. Hier sind einige Aspekte, die bei der Nutzung von

Blockchain-Technologien für Peer-to-Peer-Transaktionen zwischen IoT-Geräten zu beachten sind:

Direkte Interaktion:

Durch die Nutzung von Blockchain-Technologien können IoT-Geräte direkt miteinander interagieren, ohne auf eine zentrale Vermittlungsstelle angewiesen zu sein. Die Blockchain dient als gemeinsames, dezentrales Register, in dem Transaktionen zwischen den Geräten verzeichnet werden. Dadurch können IoT-Geräte direkt miteinander kommunizieren und Transaktionen in Echtzeit durchführen.

Smart Contracts:

Die Blockchain ermöglicht die Implementierung von Smart Contracts, die die Bedingungen und Regeln für Transaktionen zwischen IoT-Geräten automatisch festlegen und durchführen. Smart Contracts sind selbstausführende Verträge, die auf vordefinierten Bedingungen basieren. Dadurch können IoT-Geräte Transaktionen autonom durchführen, ohne dass menschliche Intervention erforderlich ist.

Transparenz und Vertrauenswürdigkeit:

Die Transaktionen zwischen IoT-Geräten werden in der Blockchain aufgezeichnet und sind für alle Teilnehmer des Netzwerks transparent einsehbar. Dadurch entsteht ein hohes Maß an Vertrauen und Transparenz, da alle Beteiligten den Zustand und den Verlauf der Transaktionen nachvollziehen können. Manipulationen oder Fälschungen von Transaktionen werden durch die dezentrale Natur der Blockchain erschwert.

Sicherheit und Datenschutz:

Die Blockchain-Technologie bietet Sicherheitsmechanismen, um Transaktionen zwischen IoT-Geräten abzusichern. Die Nutzung von kryptographischen Verfahren und dezentraler Datenhaltung schützt die Integrität und Vertraulichkeit der Transaktionen. Zudem ermöglicht die Blockchain-Technologie eine granulare

Zugriffskontrolle, sodass nur autorisierte Geräte auf die Transaktionsdaten zugreifen können.

Effizienz und Skalierbarkeit:

Die Nutzung von Blockchain-Technologien ermöglicht effiziente und skalierbare Peer-to-Peer-Transaktionen zwischen IoT-Geräten. Da die Blockchain als gemeinsames Register dient, werden Transaktionen direkt zwischen den Geräten abgewickelt, ohne dass zusätzliche Vermittler erforderlich sind. Dies führt zu einer schnelleren Abwicklung von Transaktionen und einer besseren Skalierbarkeit des Netzwerks.

Kostenreduktion:

Die direkte Peer-to-Peer-Interaktion zwischen IoT-Geräten über die Blockchain kann zu einer Reduzierung von Kosten führen, da Vermittlungsstellen und Intermediäre eliminiert werden. Transaktionsgebühren und Abhängigkeiten von Dritten können minimiert werden, was zu Kosteneinsparungen für Unternehmen und Nutzer führt.

Die Nutzung von Blockchain-Technologien für Peer-to-Peer-Transaktionen zwischen IoT-Geräten ermöglicht neue Geschäftsmodelle und Anwendungsfälle. Es fördert die direkte Kommunikation und

Die Blockchain-Technologie bietet eine Vielzahl von Möglichkeiten und Potenzialen für den Mittelstand. In diesem Fachbuch wurden die verschiedenen Aspekte der Konzeption, Auswahl und Umsetzung von Blockchain-Technologien für den Mittelstand behandelt.

Zunächst wurde der Hintergrund und die Bedeutung von Blockchain-Technologien für den Mittelstand erläutert. Die grundlegende Funktionsweise von Blockchains sowie potenzielle Vorteile und Herausforderungen bei der Implementierung wurden diskutiert. Es wurde aufgezeigt, wie Blockchain-Technologien den Mittelstand dabei unterstützen können, effizienter, sicherer und transparenter zu agieren.

Die Analyse der Geschäftsanforderungen spielte eine zentrale Rolle, um die passenden Einsatzbereiche für Blockchain-Technologien zu identifizieren und den Nutzen für das Unternehmen zu bewerten. Dabei wurden auch rechtliche und regulatorische Aspekte berücksichtigt, um eine rechtskonforme Implementierung sicherzustellen.

Die Unterschiede zwischen Public, Private und Consortium Blockchains sowie die Bewertung von Blockchain-Plattformen und -Protokollen waren wichtige Schritte bei der Auswahl der geeigneten Blockchain-Technologie für den Mittelstand.

Die Einbindung der Unternehmensziele und -strategie, die Integration von Blockchain-Technologien in die bestehende IT-Infrastruktur und die Erstellung eines Fahrplans für die Implementierung waren entscheidend, um einen reibungslosen Übergang zur Nutzung von Blockchain-Technologien zu gewährleisten.

Weiterhin wurden wichtige Themen wie die Verwaltung von Daten in der Blockchain, Datenschutz und Anonymität, die Einhaltung von Compliance- und Datenschutzbestimmungen, die Anpassung von Geschäftsprozessen, die Automatisierung von Transaktionen und Verträgen, die Überwindung von

Interoperabilitätsproblemen und die Erfolgsfaktoren für die Einführung von Blockchain-Technologien behandelt.

Darüber hinaus wurden spezifische Anwendungsfälle wie die Verfolgbarkeit und Transparenz von Lieferketten, die Authentifizierung von Produkten, die Optimierung der Lagerhaltung und Bestandsverwaltung, Zahlungsabwicklung und grenzüberschreitende Transaktionen, Kredit- und Finanzierungsmöglichkeiten, die Automatisierung von Buchhaltungs- und Abrechnungsprozessen, Smart Contracts und automatisierte Vertragsabwicklung, Selbstverwaltung und Schutz von persönlichen Daten, Authentifizierung und Zugriffskontrolle in digitalen Systemen, Verifizierung von Qualifikationen und Zertifizierungen, sichere und vertrauenswürdige Datenübertragung und -speicherung, Automatisierung von IoT-Geräten und -Netzwerken sowie Peer-to-Peer-Transaktionen zwischen IoT-Geräten beleuchtet.

Schließlich wurde die Bedeutung der Einbindung von Mitarbeitern und Management, Schulung und Kompetenzaufbau im Unternehmen, sowie das Management von Veränderungsprozessen und Widerstand als Erfolgsfaktoren für die Einführung von Blockchain-Technologien diskutiert.

Insgesamt ist die Implementierung von Blockchain-Technologien für den Mittelstand mit Herausforderungen verbunden, bietet jedoch gleichzeitig vielfältige Chancen und Vorteile. Es erfordert eine sorgfältige Planung, Evaluierung und Umsetzung, um das volle Potenzial dieser Technologie auszuschöpfen und den Erfolg im digitalen Zeitalter zu sichern.

Dieses Fachbuch dient als Leitfaden für Unternehmen im Mittelstand, um die Konzeption, Auswahl und Umsetzung von Blockchain-Technologien erfolgreich zu gestalten und ihre Wettbewerbsfähigkeit zu stärken. Es bietet einen umfassenden Überblick über die verschiedenen Aspekte und unterstützt bei der strategischen Nutzung von Blockchain-Technologien, um nachhaltiges Wachstum und innovative Geschäftsmodelle zu ermöglichen.

- Blockchain-Technologien bieten zahlreiche Vorteile für den Mittelstand, darunter Effizienzsteigerungen, Transparenz, Sicherheit und Kostenersparnisse.

- Die Auswahl der richtigen Einsatzbereiche für Blockchain-Technologien im Mittelstand erfordert eine gründliche Analyse der Geschäftsanforderungen und -prozesse.

- Bei der Implementierung von Blockchain-Technologien müssen rechtliche und regulatorische Aspekte berücksichtigt werden, um eine rechtskonforme Umsetzung sicherzustellen.

- Die Wahl der geeigneten Blockchain-Plattform und -Protokolle ist entscheidend und sollte anhand spezifischer Kriterien erfolgen.

- Die Integration von Blockchain-Technologien in die bestehende IT-Infrastruktur erfordert eine sorgfältige Planung und einen Fahrplan für die Implementierung.

- Die Einbindung von Mitarbeitern und Management sowie Schulungen und Kompetenzaufbau sind wichtige Erfolgsfaktoren für die Einführung von Blockchain-Technologien.

- Die Sicherheit, Skalierbarkeit und Performance von Blockchain-Netzwerken müssen sorgfältig bewertet und optimiert werden.

- Anwendungsbereiche wie Lieferkettenverfolgung, Authentifizierung von Produkten, Zahlungsabwicklung und Vertragsautomatisierung bieten konkrete Mehrwerte für Unternehmen im Mittelstand.

- Datenschutz, Vertrauenswürdigkeit und Compliance spielen eine zentrale Rolle bei der Nutzung von Blockchain-Technologien.

Ausblick auf zukünftige Entwicklungen:

Die Anwendung von Blockchain-Technologien im Mittelstand wird voraussichtlich weiter zunehmen. Zukünftige Entwicklungen könnten unter anderem folgende Bereiche umfassen:

- Weiterentwicklung der Blockchain-Plattformen und -Protokolle, um Skalierbarkeit, Geschwindigkeit und Interoperabilität zu verbessern.

- Integration von künstlicher Intelligenz (KI) und maschinellem Lernen (ML) in Blockchain-Systeme, um intelligente Entscheidungsprozesse und automatisierte Abläufe zu ermöglichen.

- Entwicklung von Standards und Interoperabilitätslösungen, um den nahtlosen Austausch von Daten und Transaktionen zwischen verschiedenen Blockchain-Netzwerken zu ermöglichen.

- Verbesserung der Benutzerfreundlichkeit von Blockchain-Anwendungen, um eine breitere Akzeptanz und Nutzung zu fördern.

- Weiterentwicklung der Datenschutz- und Anonymitätslösungen in Blockchain-Netzwerken, um den Schutz persönlicher Daten zu gewährleisten.

- Erforschung und Umsetzung neuer Anwendungsfelder für Blockchain-Technologien im Mittelstand, wie zum Beispiel Energiehandel, Gesundheitswesen oder digitale Identitäten.

Es ist wichtig, dass Unternehmen im Mittelstand die Entwicklungen in der Blockchain-Technologie aufmerksam verfolgen und ihre Strategien entsprechend anpassen, um von den zukünftigen Potenzialen zu profitieren und wettbewerbsfähig zu bleiben.

Impressum

© 2023 Andreas Pörtner

Alle Rechte vorbehalten.

ISBN: 9783757845155

Herstellung & Verlag: BoD – Books on Demand, Norderstedt